ESPAÑOL LENGUA EXTRANJERA

nuevo ven
Libro de ejercicios
1

Francisca Castro
Fernando Marín
Reyes Morales
Soledad Rosa

edelsa
GRUPO DIDASCALIA, S.A.
Plaza Ciudad de Salta, 3 - 28043 MADRID - (ESPAÑA)
TEL.: (34) 914.165.511 - (34) 915.106.710
FAX: (34) 914.165.411
e-mail: edelsa@edelsa.es - www.edelsa.es

Primera edición: 2003
Primera reimpresión: 2004
Segunda reimpresión: 2004
Tercera reimpresión: 2005
Cuarta reimpresión: 2006
Quinta reimpresión: 2007
Sexta reimpresión: 2008
Séptima reimpresión: 2010
Octava reimpresión: 2010

© Edelsa Grupo Didascalia, S.A., Madrid, 2003.
Autores: Francisca Castro, Fernando Marín, Reyes Morales y Soledad Rosa.

Dirección y coordinación editorial: Departamento de Edición de Edelsa.
Diseño de cubierta: Departamento de Imagen de Edelsa.
Diseño y maquetación de interior: Departamento de Imagen de Edelsa.

Imprime: Lavel.

ISBN: 978-84-7711-841-1

Depósito Legal: M-47283-2010

Impreso en España / *Printed in Spain*

Ilustraciones:
Ángeles Peinador Arbiza

Notas:
- La editorial Edelsa ha solicitado los permisos de reproducción correspondientes y da las gracias a todas aquellas instituciones que han prestado su colaboración.

«Cualquier forma de reproducción de esta obra solo puede ser realizada con la autorización de la editorial, salvo excepción prevista por la ley. Diríjase a CEDRO (Centro Español de Derechos Reprográficos, www.cedro.org) si necesita fotocopiar o escanear algún fragmento de esta obra».

Índice

unidad 1
¡Hola!

Comunicación

1 **RELACIONA los elementos de las columnas.**

1. ¿Cómo te llamas?
2. Hola, ¿qué tal?
3. ¿De dónde eres?
4. ¿Cómo se escribe?
5. ¿Dónde vives?
6. ¿Qué haces?

a. Bien, ¿y tú?
b. De Lima.
c. Gustavo.
d. En Madrid.
e. Soy cocinero.
f. ge-u-ese-te-a-uve-o.

2 **ESCRIBE la pregunta adecuada.**

1. • ¿ *Cómo te llamas* ?
   • Álvaro Gómez.
2. • ¿ *Que haces* ?
   • Soy informático.
3. • ¿ *De donde eres* ?
   • De Madrid.
4. • ¿ *dónde vives* ?
   • En Lima.
5. • ¿ *Eres argentina* ?
   • No, soy boliviana.

6. • ¿ *Que haces* ?
   • Soy profesor.
7. • ¿ *eres Mexicano* ?
   • No, soy argentino.
8. • ¿ *Dónde vives* ?
   • En Ciudad de México.
9. • ¿ *Cómo te llamas* ?
   • Carlos López.
10. • ¿ *De dónde eres* ?
    • Soy mexicano.

Gramática

1 **COMPLETA con los interrogativos adecuados.**

| dónde   qué   cómo |

a. ¿*Dónde* vives?
b. ¿De *dónde* eres?
c. ¿*Cómo* te llamas?
d. ¿*qué* estudias?
e. ¿*Cómo* se escribe "bocadillo"?
f. ¿*Dónde* trabajas?

2 COMPLETA la tabla con las formas verbales adecuadas.

Yo	trabajo	vivo	....	me llamo
Tú	trabajas	vives	....	....
Él/ella/Ud.	trabaja	vive	es	....
Nosotros/as	trabajamos	vivimos	somos	nos llamamos
Vosotros/as	trabajáis	vivís	....	....
Ellos, Ellas, ud	trabajan	viven	....	....

3 COMPLETA con las palabras que faltan.

a. • Hola, ¿cómo ......*te llamas*...?
   • Ida Jiménez.

b. • ¿...*eres*...... española?
   • No, soy argentina.

c. • ¿...*Trabajas*...en una oficina?
   • No, ahora trabajo en un restaurante.

d. • ¿Dónde ...*vive*...?
   • .....*vivo*..... en Buenos Aires.

4 COMPLETA la tabla con las frases correspondientes.

El profesor es chileno.	La profesora es chilena.
El pianista es argentino	La pianista es argentina.
El guía es español.	La guía es española
El enfermero es venezolano	La enfermera es venezolana.
El estudiante es brasileño.	La estudiante es brasileña
El cocinero es uruguayo	La cocinera es uruguaya.
El actor es cubano.	La actriz es cubana

Léxico

1 ¿De dónde son? ESCRIBE el adjetivo correspondiente.

1. Gunter es *alemán* (Alemania).
2. Claudia es .... (Italia).
3. John es .... (Inglaterra).
4. Renate es .... (Austria).
5. Elaine es .... (Brasil).
6. Svieta es .... (Rusia).
7. Pierre es .... (Canadá).
8. Richard es ....(Francia).
9. Mohammed es .... (Marruecos).
10. Li es .... (China).

2 **ESCRIBE frases como las del ejemplo.**

francés / París
a. ¿Eres francés?
b. Sí, soy de París.

1. española / Valencia
   ¿Eres española?
   Si, soy de Valencia

2. italiana / Milán
   ¿Eres italiana?
   Si Soy de Milán

3. argentino / Córdoba
   ¿Eres argentino?
   Si Soy de Cordoba

4. mexicano / México
   Eres mexicano
   Si Soy de México

5. brasileño / São Paulo
   Eres brasileño
   Si soy de São Paulo

6. portuguesa / Lisboa
   Eres portuguesa
   Si Soy de Lisboa

3 **ESCRIBE debajo de cada dibujo el nombre de la profesión.**

a

....

b

....

c

...Profesor...

d

Medica

e

Chef

f

Pintor

g

guía

h

Camaro

 Comprensión oral

  LEE y DELETREA los siguientes nombres. Comprueba con la cinta.

1. ALONSO   2. HERRERO   3. GUADALQUIVIR   4. HERNÁNDEZ
5. VALENCIA   6. BADAJOZ   7. ZARAGOZA   8. GOITIA

2 **ESCUCHA y subraya el apellido que oyes.**

1. Hernández / Fernández   4. Romero / Rodero   7. Díaz / Díez
2. Rodero / Rodríguez   5. García / Santamaría   8. Rueda / Pereda
3. Herrero / Ferrero   6. Sancho / Sánchez   9. Puerta / Cuerda

unidad 2
Presentaciones

1 ORDENA los datos de Elena Rodríguez y Raúl Toledo.

| argentino | madrileña | abogado | directora de banco | en Madrid | en Buenos Aires |

a. Elena Rodríguez es ...madrilena...

b. Elena vive en Madrid

c. Elena trabja en directora de banco

d. Raúl Toledo es ...argentino...

e. Raúl es abogado

f. Raúl vive en Buenos Aires

2 COMPLETA la tabla con las frases correspondientes.

TÚ	USTED	VOSOTROS	USTEDES
¿Cómo te llamas?	....	....	....
....	....	¿De dónde sois?	....
....	¿Qué hace?	....	....
¿Dónde vives?	....	....	¿Dónde viven ustedes?

3 COMPLETA los diálogos con las expresiones o palabras que faltan.

a. • ...*Buenos*... días, señor Martínez, ¿cómo ...está... usted?
 • ...Bien..., ¿y ...usted?
 • Bien, gracias. ¿...es... usted periodista?
 • No, ...soy... abogado.
 • ¿...trabaja... usted en Valencia?
 • Sí, eso es.

b. • ¿Es ...usted... enfermera?
 • ...No... soy médica.
 • ¿...trabaja... en el Hospital de La Paz?
 • No, ...trabajo... en el Doce de Octubre.

4 ¿Cómo saludas en las siguientes situaciones? ESCRIBE tus respuestas.

a. Saludas a un amigo por la calle:
....

b. Saludas al director de tu empresa:
....

 Gramática

1 COMPLETA la tabla.

Yo	trabajo	....	....
Tú	....	comes	....
Él/ella/Ud.	....	....	vive
Nosotros/as	....	....	....
Vosotros/as	....	....	....
....	....	....	viven

2 FORMA frases tomando un elemento de cada columna.

1.	2.	3.
María	se llama	estudiantes
Nosotros	son	profesores
Él	es	valenciano
Ernesto	somos	en Caracas
Ellos	vive	Miguel López

a. ....*María vive en Caracas.*..................

b. ....

c. ....

d. ....

e. ....

3 RELACIONA para hacer las presentaciones.

Este
Esta
Estos
Estas

es Elena Pérez, profesora de inglés.
es Ricardo Díez, mi compañero de trabajo.
son mis amigas Julia y Marina, son de Sevilla.
son Valerio y Salvador, son de Tegucigalpa.
son mis vecinos Mayte y Rafa.

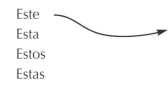 **Léxico**

1 ESCRIBE los resultados.

1. dos + tres = *cinco*
2. tres + uno = ...
3. cuatro + cinco = ...
4. seis + dos = ...
5. cuatro + tres = ...

6. ocho - ocho = ...
7. siete - seis = ...
8. nueve - siete = ...
9. siete - uno = ...
10. ocho - cinco = ...

2 COMPLETA el cuadro con las formas correspondientes.

chino	china	chinos	chinas
....	alemana	....	....
francés	....	....	....
....	japonesa	japoneses	
....	marroquí	....	....
brasileño	....	....	....
....	....	rusos	....
iraní	....	....	....
inglés	....	....	....

3 ESCRIBE el plural de las profesiones.

1. El pintor   ⟶   *los pintores.*
2. La abogada   ....
3. La secretaria   ....
4. La azafata   ....
5. El enfermero   ....
6. El economista   ....
7. La empresaria   ....

 Comprensión oral

1 ESCUCHA y completa la información.

Laura   Rafael   Manuel   Pilar   Eva

NOMBRE	PROFESIÓN	LUGAR DE TRABAJO	ORIGEN
Laura	....	....	....
Rafael	....	....	....
Manuel	....	....	....
Pilar y Eva	....	....	....

unidad 3
Alquilar un piso

1 Este es el dormitorio de Mayte. Mira el dibujo y SEÑALA verdadero (V) o falso (F).

	V	F
1. La lámpara está en el suelo.	☐	☐
2. La ventana es pequeña.	☐	☐
3. El ordenador está debajo de la ventana.	☐	☐
4. Las llaves están en la mesita de noche.	☐	☐
5. Los libros están encima de la cama.	☐	☐
6. La ropa de Mayte está en el suelo.	☐	☐

2 CLASIFICA las expresiones en la categoría correspondiente.

Localizar objetos	Preguntar y decir cantidades	Describir una vivienda

a. Mi casa no es muy grande.

b. El dormitorio está al lado del salón.

c. ¿Cuántas habitaciones tiene tu casa?

d. ¿Dónde está la cocina?

e. El ordenador está encima de la mesa del salón.

Gramática

1 **COMPLETA la tabla con las formas verbales.**

ESTAR	TENER	PONER
estoy	....	....
....	tienes	....
....	....	pone
....	....	....
....	....	....
....	....	....

2 **COMPLETA las frases con los verbos conjugados del recuadro.**

estar
vivir
ser
trabajar
tener
poner

1. ¿Cuántas habitaciones ....*tiene*.... tu casa?
2. ¿Dónde .... usted? ¿En un banco o en una empresa de informática?
3. ¿De dónde .... ustedes? ¿De Bogotá?
4. Yo no .... los libros en el suelo.
5. Mi casa .... al lado de la Puerta del Sol.
6. ¿Dónde .... usted?

3 **FORMA frases tomando un elemento de cada columna.**

A	B	C
El salón	es	cómodas
La lavadora	está	antiguos
Los sillones	son	aquí
El cuarto de baño	están	pequeño
Las sillas		a la izquierda

1. ......*El salón es pequeño.*......
2. ....
3. ....
4. ....
5. ....

4 **Mira las ilustraciones y COMPLETA las frases con los artículos y las preposiciones necesarias.**

1. *El* dormitorio *de* Juan está *al* lado *de la* cocina.
2. .... salón está .... fondo .... pasillo.
3. .... baño está enfrente .... cocina.

1. .... muebles .... salón son antiguos.
2. .... libros están encima .... sillas.
3. .... sofá está debajo .... ventana.

Léxico

1 **ESCRIBE el adjetivo contrario.**

1. Mi casa no es antigua, es *moderna*.
2. El cuarto de baño no es grande, es ....
3. No es un piso exterior, es ....
4. La calle no es ruidosa, es ....
5. La cocina no es bonita, es ....
6. El balcón no es pequeño, es ....

2 **En español, para mencionar a los reyes y papas se usan los ordinales hasta el décimo. ESCRIBE los ordinales correspondientes a cada número romano.**

1. Felipe II   *segundo.*
2. Felipe V   ....
3. Alfonso VIII   ....
4. Carlos I   ....
5. Alfonso IX   ....

6. Carlos III   ....
7. Fernando VI   ....
8. Carlos IV   ....
9. Fernando VII   ....
10. Alfonso X   ....

3 **ESCRIBE los números.**

17 *diecisiete*   20 ....   13 ....   18 ....
12 ....   14 ....   15 ....   19 ....
16 ....   11 ....

4 **PON el nombre a cada habitación.**

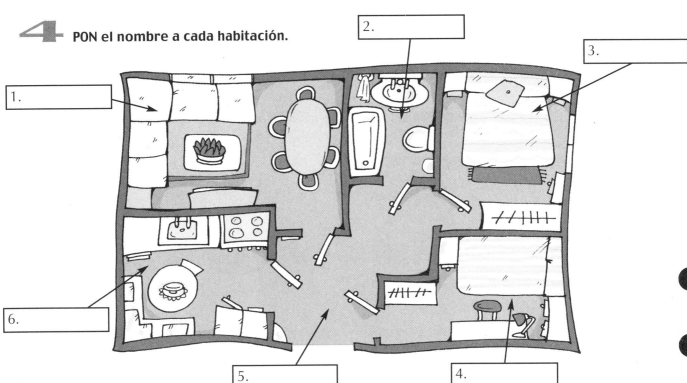

2.

3.

1.

6.

5.

4.

5 ESCRIBE el nombre debajo de cada imagen.

a .... b .... c .... d ....

e .... f .... g .... h ....

6 Ahora, ESCRIBE los muebles que necesitas para amueblar cada habitación.

DORMITORIO	SALÓN-COMEDOR	COCINA
....	....	....
....	....	....
....	....	....

Comprensión oral

1 Escucha y SEÑALA (✓) el número que oyes.

a. 15 ☐ 5 ☐   b. 12 ☐ 2 ☐   c. 14 ☐ 12 ☐
d. 10 ☐ 3 ☐   e. 11 ☐ 12 ☐   f. 8 ☐ 18 ☐

2 Emma quiere alquilar un piso y llama por teléfono a varios anuncios. Escucha las conversaciones y COMPLETA el cuadro.

	Número de habitaciones	¿Exterior o interior?	Precio
Piso 1	....	....	....
Piso 2	....	....	....
Piso 3	....	....	....

3 ESCRIBE un párrafo sobre tu casa ideal.

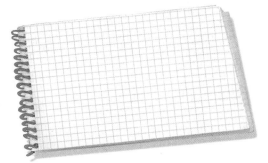

unidad 4
Por la ciudad

1 **COMPLETA los diálogos con las instrucciones necesarias.**

1. • Perdone, ¿...*hay*... un hospital por aquí cerca?
   • Sí, en la calle Velázquez. .... usted en la tercera calle a la derecha y luego .... todo recto unos 100 metros.
2. • Perdone, ¿el cine Rex .... en la calle Frida Kahlo?
   • No, en la calle Sorolla.
3. • ¿Cómo se .... a Correos?
   • .... todo recto y luego .... en la segunda calle a la izquierda.
4. • ¿Cómo .... a tu casa?
   • En autobús. .... el número 12 hasta la Castellana. Te .... en la quinta parada. Desde allí .... andando. Mi casa .... al lado de una farmacia.

2 **ESCRIBE frases como las del modelo.**

Abrir / bancos / 8:30
A. Por favor, ¿a qué hora abren los bancos?
B. A las ocho y media.

1. Abrir las farmacias / 9:30
....
....

2. Cerrar los estancos / 20:30
....
....

3. Abrir el Museo de Historia / 9:45
....
....

4. Llegar el vuelo de Caracas / 6:45
....
....

5. Salir el autobús de la playa / 11:55
....
....

6. Cerrar el supermercado / 21:30
....
....

3 **¿Qué hora es? ESCRIBE tus respuestas debajo de cada ilustración.**

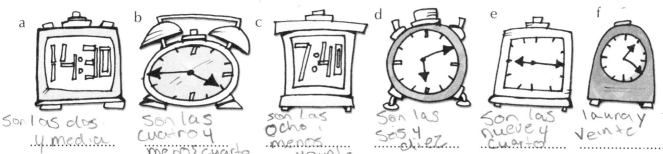

a — Son las dos y media.

b — Son las cuatro y menos cuarto

c — son las ocho menos veinte

d — Son las seis y diez

e — Son las nueve y cuarto

f — la una y veinte

Gramática

1 COMPLETA la tabla con las formas verbales.

IR	SEGUIR	VENIR	CERRAR
voy	....	....	....
....	sigues	....	....
....	....	viene	....
....	....	....	cerramos
....	....	venís	....
....	siguen	....	....

2 COMPLETA las frases con uno de los verbos anteriores.

1. ¿...*Vamos*..... (nosotros) esta tarde al Museo Picasso?
2. ¿Cómo .... (tú) a la escuela?
3. • ¿A qué hora .... (vosotros) a mi casa?
   • A las 8, ¿vale?
4. En España, los bares y cafeterías .... a las doce de la noche.
5. • Por favor, ¿hay una farmacia por aquí cerca?
   • Sí, en esta misma calle, ... todo recto hasta el final y allí está.
6. Yo siempre .... a todas partes andando.
7. • ¿.............. conmigo al cine?
   • Vale, pero quedamos para la sesión de la noche.

3 SUBRAYA la preposición adecuada.

En / A mi calle hay muchas tiendas.

1. Yo voy a / en la escuela con / en metro.
2. María viene de / con la zapatería.
3. Celia vive cerca en / del museo.
4. El banco abre en / a las 9 en / de la mañana.
5. • ¿A / De dónde vas?
   • A / En casa de Ernesto.
6. • ¿Cómo vas a casa de Jorge?
   • Por / en autobús.
7. • ¿Dónde está la farmacia?
   • Mira, sigues todo recto y giras en / a la tercera calle a / en la derecha.

Léxico

1 ESCRIBE el nombre de cada cosa y dónde lo venden.

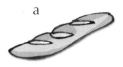
a

b

d

El pan se vende en la panadería.

....

....

e

f

g

....

....

....

....

2 COMPLETA el párrafo con las palabras del recuadro.

supermercado   estación (2)   periódico   parque   ~~lejos~~   oficina de Correos   parada   quiosco

Yo vivo en Madrid, en un barrio moderno que no está .... *lejos* .... del centro. En mi barrio hay de todo: una .... *(b)* .... de metro, autobuses, y un .... *(c)* .... para los niños. Al lado de mi casa hay un .... *(d)* .... para hacer la compra y una cafetería. En la esquina hay un .... *(e)* .... donde todos los días compro el .... *(f)* .... Enfrente de mi casa hay una .... *(g)* .... y al lado de la oficina, un banco.

La .... *(h)* .... de autobuses está en la plaza, a unos cien metros de mi calle y la .... *(i)* .... de metro también está bastante cerca. A mí me gusta mucho mi barrio.

3 ESCRIBE un párrafo sobre tu barrio.

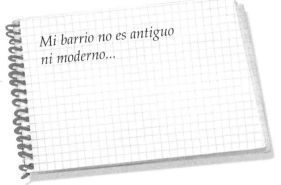

Mi barrio no es antiguo ni moderno...

4 **RELACIONA.**

a. 14 ————————→ mil novecientos cuarenta y cinco
b. 57　　　　　　　　　cien
c. 100　　　　　　　　catorce
d. 529　　　　　　　　dos mil quinientos ochenta y siete
e. 1 945　　　　　　　cinco mil novecientos trece
f. 2 587　　　　　　　cincuenta y siete
g. 5 913　　　　　　　quinientos veintinueve

5 **ESCRIBE en letras las siguientes cantidades.**

a) 822 €　　　　b) 315 €　　　　c) 1 895 €　　　　d) 176 €　　　　e) 5 048 €

....　...................　...................　...................　...................

Comprensión oral

1 **ESCUCHA y señala (✓) la cantidad que oyes.**

a.　36 ☐　　16 ☐　　b.　43 ☐　　33 ☐　　c.　89 ☐　　109 ☐
d. 340 ☐　　140 ☐　　e. 524 ☐　　543 ☐　　f. 1958 ☐　　1968 ☐

2 **Escucha y COMPLETA con las horas.**

1. ¿A qué hora empieza la película?　　　.....................................
2. ¿A qué hora voy a tu casa?　　　　　　.....................................
3. Yo me levanto todos los días a las　　　.....................................
4. ¿Cuándo vamos a la calle?　　　　A las ....
5. ¿A qué hora cierran el restaurante?　A las ...., creo.
6. ¿Qué hora tienes?　　　　　　　　.....................................
7. ¿Qué hora es?　　　　　　　　　　.....................................

3 **Completa la conversación. A continuación, escucha y COMPRUEBA.**

- Hola, Alicia, ¿vienes esta noche a mi casa?
- ...., ¿..............................?
- En metro. Tomas la línea 1 hasta Sagrera, sales de la estación y muy cerca está mi casa.
- ¿.......................................?
- En la calle Jacinto Verdaguer, 15, 2º, izda.
- ¿.......................................?
- A las siete y media.
- ...., ...
- Hasta luego.

unidad 5
Comer en el restaurante

1 **COMPLETA los diálogos.**

1.
a. Hola, ¿qué *van a* tomar?
b. Yo un .... de naranja, ¿y tú?
c. Yo, una tónica.

2.
a. ¿Qué quiere de ....?
b. Sopa.
a. ¿Y de segundo?
b. .... de ternera.

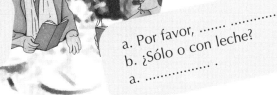

3.
a. Camarero, ¿................. ....?
b. Son 7 euros con veinte céntimos.
a. Aquí tiene.

4.
a. Por favor, ...
b. ¿Sólo o con leche?
a. ....

Gramática

1 **COMPLETA el cuadro.**

	PASAR	COMER	ABRIR	CERRAR	HACER	PONER	REPETIR	CALLARSE
TÚ	pasa	....	abre	....	haz	....	repite	....
USTED	....	coma	....	cierre	....	ponga	....	cállese

2 **TRANSFORMA las frases escribiendo las preguntas o dando órdenes.**

1. ¿Puedes abrir la ventana? ⟶ a. *Abre la ventana, por favor.*
2. ¿Puedes ponerme un zumo de tomate? b. ....
3. .... c. Haz la comida hoy, por favor.
4. ¿Puedes cerrar la ventana? d. ....
5. .... e. Habla más bajo, por favor.
6. ¿Puedes poner la tele? f. ....
7. .... g. Llama a las siete, por favor.

3 **ESCRIBE** cinco frases tomando un elemento de cada columna.

A ella A David A mí ¿A ti A Elena	te me le	gusta gustan	ver la tele la música latina? el jamón los deportes las gambas

1. ....
2. ....
3. ....
4. ....
5. ....

4 **ORDENA las frases.**

A / queso / el / mucho / gusta / me / mí
A mí me gusta mucho el queso.

1. pescado / no / gusta / mucho / él / A / le / el
....

2. aceitunas / las / gustan / nada / ti / A /no / te
....

3. clásica / la / música / gusta / Me / mucho
....

4. Sergio / no / ajedrez / gusta / el / A / le
....

5. Sergio / motos / le / mucho / gustan / las / A
....

6. Eva / gustan / helados / mucho / los / A / le
....

Léxico

1 **ESCRIBE el nombre debajo de cada ilustración.**

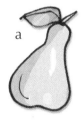
a

....
Pera

b

....

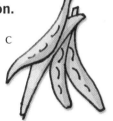
c

....

d

....

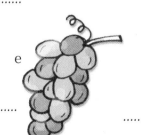
e

....

f

....

g

....

2 BUSCA seis nombres de carnes y pescados en esta sopa de letras.

A	C	D	H	T	P	S	T	R	Q
X	B	E	Y	R	Ñ	J	M	S	O
M	Ñ	L	P	U	Ñ	C	I	R	M
Ñ	Q	S	T	C	P	O	L	L	O
Q	G	H	J	H	M	R	J	K	L
A	S	D	S	A	R	D	I	N	A
C	V	T	E	R	N	E	R	A	L
M	N	E	I	D	P	R	P	U	Y
B	A	C	A	L	A	O	S	C	T

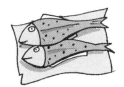

Comprensión oral

1 Escucha y SEÑALA (✓) lo que le gusta a cada uno.

	Hijo	Padre	Madre
Leer			
Ver la tele			
Jugar con el ordenador			
El fútbol			
La música moderna			
La música clásica			
Pintar			
El cine			

Comprensión lectora

1 Lee y RESPONDE a las preguntas.

En España, tanto a la hora de comer como a la hora de cenar, se suele comer dos platos y un postre. El primer plato puede ser sopa, ensalada, pasta, arroz o verduras y el segundo plato está compuesto de carne (de pollo, ternera, cerdo o cordero, generalmente) o algún pescado (sardinas, truchas, boquerones...). Los españoles son grandes consumidores de pescado gracias a la gran extensión de sus costas. En cuanto al postre, suele consistir en fruta o algún postre preparado como arroz con leche o flan. En general, a la gente le gusta comer bien, tanto en casa como en el restaurante.

a. ¿Cuántos platos comen los españoles normalmente? ....

b. ¿El pescado se come de primero o de segundo? ....

c. ¿Por qué comen tanto pescado los españoles? ....

d. ¿Qué se come de postre? ....

unidad 6
Háblame de ti

 Comunicación

1 **DESCRIBE a las siguientes personas.**

a    b 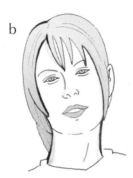   c    d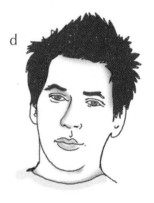

....
....
....
....

2 **RELACIONA las dos columnas para formar diálogos.**

1. ¿A qué hora te levantas?
2. ¿Cómo vas al trabajo?
3. ¿A qué hora empiezas a trabajar?
4. ¿Dónde comes?
5. ¿A qué hora terminas de trabajar?
6. ¿A qué hora te acuestas?

a. A las cinco de la tarde.
b. En el restaurante de la empresa.
c. A las once y media o las doce.
d. Muy temprano, a las seis y media.
e. En metro y autobús.
f. Yo a las ocho, pero mi jefa a las nueve.

3 **Habla correctamente: SUBRAYA el verbo adecuado.**

Mi vecina es / tiene el pelo largo y rizado.

a. Mi profesor no tiene / es muy simpático.
b. ¿Tu padre es / tiene bigote?
c. ¿Cuántos años es / tiene tu hermana mayor?
d. ¿El pintor es / tiene joven o mayor?
e. Tu amiga Natalia es / tiene muy divertida.

1 COMPLETA la tabla con las formas verbales.

EMPEZAR	empiezo	....	....	....	....	empiezan
SALIR	....	sales	....	....	salís	....
VOLVER	....	....	vuelve	volvemos	....	....

2 ESCRIBE frases como en el modelo.

Yo / levantarse / a las siete
Yo me levanto a las siete.

a. Nosotros / ducharse / por la noche
....

b. Mi hija / vestirse / sola
....

c. Yo no callarse / cuando enfadarse
....

d. Mis vecinos / acostarse / muy tarde
....

e. Daniel / sentarse / en la primera fila
....

f. Carmen y Ramón / levantarse / muy temprano
....

3 FORMULA las preguntas como en el modelo.

Hora / levantarse
¿A qué hora te levantas?

a. Hora / empezar el trabajo
....

b. Hora / salir del trabajo
....

c. Hora / acostarse
....

d. Hora / comer
....

e. Hora / volver a casa
....

f. Hora / hacer la compra
....

4 COMPLETA este texto con los verbos del recuadro.

cenar ~~levantarse~~ acostarse volver empezar comer

Ángel es profesor, trabaja en un instituto. Todos los días *se levanta* a las 7 y ....(b).... a trabajar a las ocho y media. ....(c) a su casa a las tres y ....(d).... con su mujer, Susana. Después de comer, va a un gimnasio o prepara las clases del día siguiente. Por la noche, ...(e)...... a las nueve y media con toda la familia y ....(f)........ a las once y media.

5 **ESCRIBE** un párrafo sobre tu rutina diaria.

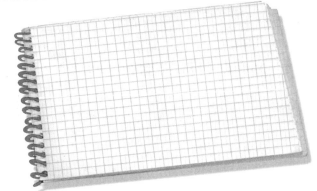

6 **COMPLETA con** *mi, mis, tus, su, sus.*

Venimos a visitar a Natalia González, somos ...*sus*.... hermanas.

1. • Hola, señor Martínez, ¿cómo están .... hijos?
   • Muy bien, ¿y .... hija Patricia?
2. • Hola, ¿qué tal te va, Marisa?
   • Bien, yo bien, pero .... marido está en el hospital.
3. • Mira, te presento a .... hijos.
4. • Estoy cansada de ir todos los domingos a casa de .... padres, Carlos.

Léxico

1 **Mira el árbol genealógico y COMPLETA las frases.**

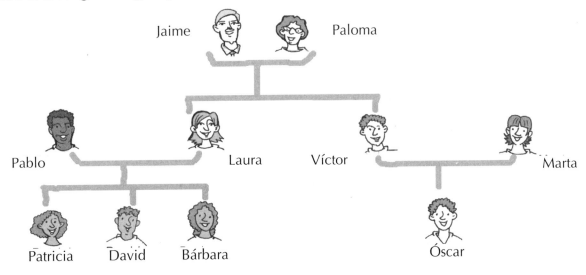

1. Jaime tiene cuatro *nietos*.
2. Paloma es la .... de Laura.
3. Pablo es el .... de Laura.
4. Laura es la .... de Pablo.
5. Víctor es el .... de Patricia.

6. Marta sólo tiene un ....
7. Patricia es .... de Víctor.
8. David .... dos ....
9. Bárbara es .... de Óscar.
10. Óscar no ....

1   **Escucha y COMPLETA la agenda de Elena Hernández para esta semana.**

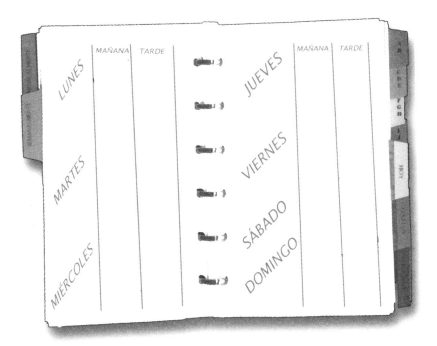

 ## Comprensión lectora

1 **LEE el texto.**

> Pilar Pons es pintora y vive de los cuadros que pinta. Su vida no es rutinaria, pero tiene que trabajar todos los días, como casi todo el mundo. Normalmente se levanta a las nueve de la mañana, desayuna y pinta hasta la una, más o menos. Entonces deja de pintar y sale a comprar el pan, el periódico y algo para comer. Come a las dos. Los lunes, miércoles y viernes, va al gimnasio después de comer y pasa allí una hora. Algunas tardes sale a dar un paseo y a ver alguna exposición. Le gusta mucho cenar fuera de casa y charlar con sus amigos. Normalmente, después de cenar, pinta un poco más, hasta las doce o la una de la madrugada. Como se ve, no es una vida descansada.

2 **¿Qué hace Pilar a estas horas? ESCRIBE tus respuestas.**

a. A las nueve de la mañana   *se levanta.*

b. A la una y cuarto   ....

c. A las dos   ....

d. El viernes a las cuatro   ....

e. A las siete de la tarde   ....

f. A las once de la noche   ....

unidad 7
De compras

 Comunicación

1 **RELACIONA.**

1. ¿Qué precio tienen estas camisas?
2. ¿Puedo probarme esta camisa?
3. ¿Cómo paga, con tarjeta o en efectivo?
4. ¿De qué talla?
5. ¿De qué color?
6. ¿Qué bolso te gusta más?
7. ¿Cómo le queda?

a. El grande; es más práctico.
b. De la 40.
c. Muy bien, me la llevo.
d. Marrón o negro.
e. Con tarjeta de crédito.
f. Ochenta euros.
g. Claro, allí están los probadores.

2 **ESCRIBE frases como en el modelo.**

Traje azul / marrón
¿Te gusta el traje azul?   *No, prefiero el marrón.*

1. Zapatos negros / marrones   ....
2. Coche gris / rojo   ....
3. Blusa de seda / algodón   ....
4. Bolso pequeño / grande   ....
5. Jersey estrecho / ancho   ....

 Gramática

1 **CONTESTA como en el modelo.**

• ¿Le gusta esta chaqueta?   • *Sí, me la llevo.*

1. • ¿Le gusta este abrigo?   • ....
2. • ¿Le gustan estos zapatos?   • ....
3. • ¿Le gusta esta blusa?   • ....
4. • ¿Le gusta este bolso?   • ....
5. • ¿Le gustan estos pantalones?   • ....
6. • ¿Te gusta esta falda?   • ....

2 ORDENA los elementos para escribir las frases.

A ti / camisa blanca / quedar bien
A ti la camisa blanca te queda bien.

a. A mí / zapatos negros / quedar mal ....

b. A Ernesto / pantalones vaqueros / quedar bien ....

c. A Luis / corbata de rayas / quedar fatal ....

d. A ti / minifalda / quedar / muy bien ....

e. A ellas / blusas rojas / no quedar bien ....

f. A Berta / vestido largo / queda bien ....

3 ESCRIBE frases como en el modelo.

Pantalones ⟶ *Mira estos pantalones, ¿qué te parecen?*

1. Traje ....

2. Camisetas ....

3. Vestido ....

4. Camisa ....

 Léxico

1 Mira la ilustración y ESCRIBE el nombre de cada prenda.

2 ¿De qué color son en tu país? ESCRIBE tus respuestas.

1. Los taxis: ....
2. La bandera: ....
3. Los autobuses: ....
4. Los uniformes de la policía: ....

3 COMPLETA el crucigrama con el nombre de los alimentos.

 Comprensión oral

1 Esta es la lista de la compra de Berta. ESCUCHA la conversación entre Berta y Ángel. Tacha lo que tienen. Anota lo que falta.

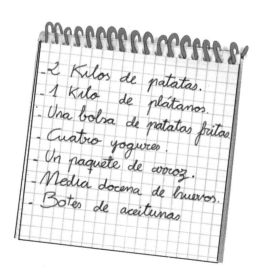

Comprensión lectora

1 Lee el texto, mira las ilustraciones y ESCRIBE el nombre de cada personaje debajo de las mismas.

Mira, estos son mis amigos. Este de aquí es Paco, es abogado y trabaja en un bufete, así que normalmente lleva ropa clásica, traje, camisa o pantalones y chaqueta y zapatos negros casi siempre. Pero los fines de semana no se pone nunca traje, lleva vaqueros y zapatillas deportivas.

Esta es Laura; es profesora de matemáticas. A Laura le gustan las faldas largas y las camisetas amplias. En invierno lleva pantalones y jerseys, y un abrigo marrón, muy largo. Este es Justo, es periodista y viste como le parece: casi siempre lleva pantalones de algodón, camisas y jerseys de lana y cazadora de cuero. Por último, está Paloma, la documentalista. A Paloma le gusta vestir bien y gasta mucho dinero en ropa. Le gustan las faldas elegantes, las blusas y los zapatos de tacón.

a   b

c

d

....

2 ESCRIBE un párrafo sobre tus amigos y su modo de vestir.

unidad 8
Invitaciones

Comunicación

1 **ORDENA las conversaciones.**

Pablo:	*A las 10.*
Javier:	*Muy bien, ¿a qué hora quedamos?*
Pablo:	*El sábado por la mañana, ¿cómo te va?*
Pablo:	*Javier, ¿vamos a jugar al tenis?*
Javier:	*Vale, de acuerdo.*
Javier:	*Vale, ¿cuándo quedamos?*

☐
☐
☐
1
☐
☐

Olga:	*Ana, ¿quieres venir conmigo al teatro? Hay una obra de Antonio Gala.*
Ana:	*Mejor te llamo el jueves, ¿vale?*
Ana:	*Lo siento, pero no puedo, es que tengo que ir con Arturo al médico.*
Olga:	*Vale, hasta el jueves.*
Olga:	*¿Por qué no va él solo?, ¿está muy mal?*
Olga:	*Y ¿qué te parece el viernes que viene?*
Ana:	*No, lo que pasa es que no le gusta ir solo.*

1
☐
☐
☐
☐
☐
☐

Gramática

1 **COMPLETA la tabla con las formas verbales que faltan.**

JUGAR	OÍR	CONOCER
juego	....	....
....	oyes	....
....	....	conoce
....	....	....
jugáis	....	....
....	oyen	....

2 FORMA frases tomando un elemento de cada columna.

Yo Tú Ud. David y yo Vosotras Ismael y ella Ellos	tener que	estudiar hacer ir llamar por teléfono comprar	los deberes. el pan. los verbos. la comida. a su madre. al médico. la compra.

Yo tengo que hacer los deberes.

1. ....
2. ....
3. ....
4. ....
5. ....
6. ....
7. ....

3 COMPLETA las frases con la forma correcta del verbo.

1. • Hola, Ana, ¿qué *estás haciendo*? (hacer)
   • .... (ver) una película en la tele.

2. • Y tus padres, ¿están en casa?
   • No, ... (cenar) fuera.

3. • Hola, ¿qué tal? ¿Qué estáis haciendo?
   • Aquí, ... (jugar) a las cartas.

4. • Ángel, ¿dónde está la niña?
   • No te preocupes, mujer, ... (jugar) en su habitación.

5. • Jaime, ven un momento, por favor.
   • Ahora no puedo, ... (arreglar) el ordenador.

6. • Hola, ¿está Andrea en casa?
   • Sí, pero en este momento .... (ducharse).

4 **Mira la imagen y COMPLETA las frases con los verbos del recuadro.**

jugar(2)   leer   bañarse   hablar   tomar   comer   hacer   pescar

Miguel está pescando al lado del río.

1. Julia, Pablo y Arturo .... al fútbol.
2. Paco y Ángel .... la paella.
3. Laura, Carmen y Lola .... y .... un refresco.
4. Luis y Reyes ....
5. Fernando .... con el perro.
6. Susana ....
7. Irene .... el periódico.

 Léxico

1 **ORDENA las letras para formar los nombres de los meses del año.**

NEROE   NUJOI   SOTOGA   PEMISTREBE

1. ....   2. ....   3. ....   4. ....

YOMA   ZOMAR   DRECIBEMI   ORFEBRE

5. ....   6. ....   7. ....   8. ....

LIBRA   UJILO   CRETUBO   VINOREBEM

9. ....   10. ....   11. ....   12. ....

2 Ahora **CLASIFICA** los meses según la estación del año.

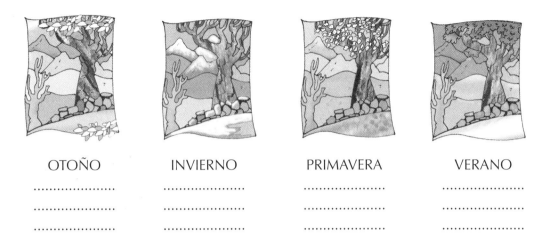

OTOÑO	INVIERNO	PRIMAVERA	VERANO
....	....	....	....
....	....	....	....
....	....	....	....

 Comprensión oral

1 La tía Carmen llama a casa de Carlos por teléfono. Escucha y **COMPLETA** la información. ¿Qué está haciendo cada uno?

Carlos

La hermana

La madre

El padre

Álvaro

Comprensión lectora

1 Después de leer el texto, haz una lista de las preferencias de los jóvenes españoles durante el fin de semana.

El tiempo libre de los jóvenes de 25 a 29 años

El 45% de los jóvenes de 25 a 29 años afirma que no sale los fines de semana, según una encuesta realizada por el Centro de Investigaciones Sociológicas.

Cuando salen por la noche, los chicos vuelven a casa más tarde que ellas y el transporte preferido por todos es el coche. La mayoría relaciona el ocio fuera del hogar a hablar con los demás. Así, el 89% sale o se reúne con amigos. El 72% va al cine, el 57 % a bailar en discotecas y un 53 % prefiere salir a tomar copas.

En cuanto a sus actividades, ellos prefieren usar ordenadores (73%) y videojuegos (62%), mientras que las mujeres leen y van al teatro (un 78% y un 48%).

Cuando se quedan en casa, los jóvenes escuchan música (92%), ven la televisión (89%), oyen la radio (76%), leen periódicos y revistas (73%), usan el ordenador (63 %) y leen libros (59%). No obstante, el 68% considera el descanso como "no hacer nada".

FUERA DE CASA	EN CASA
1º *Salir con amigos.*	1º ....
2º	2º ....
3º	3º ....
4º	4º ....
5º	5º ....

2 ESCRIBE un párrafo similar sobre los jóvenes en tu país.

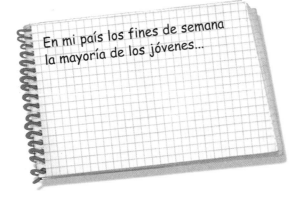

En mi país los fines de semana la mayoría de los jóvenes...

unidad 9
Preparar una excursión

1 **Las conversaciones telefónicas están desordenadas, ORDÉNALAS.**

1. A. Sí, ¿de parte de quién?
   A. ¿Diga?
   B. Soy Nacho, un compañero.
   A. Ahora se pone. [...] ¡Laura, al teléfono!
   B. ¿Está Laura?

1.

2. A. Hola, ¿qué tal?
   A. Pues me gustaría mucho, pero este fin de semana, imposible, tengo tres exámenes la semana que viene.
   B. Vaya, qué pena, lo siento.
   A. Yo también.
   A. ¿Sí?
   B. Julia, soy Celia.
   B. Mira, que te llamo para preguntarte si quieres ir a ver el concierto de Ketama.

2.

2 **PROPÓN alternativas como en el modelo.**

¿Salir / quedarte en casa?
¿Vas a salir o vas a quedarte en casa?

1. ¿Salir / quedarse en casa? (Vosotros)
....
2. ¿Pasar las vacaciones en la playa / en la montaña? (Vosotros)
....
3. ¿Vivir en Madrid / Barcelona? (Usted)
....
4. ¿Ir al cine / al teatro? (Ustedes)
....
5. ¿Estudiar en una universidad privada / pública? (Vosotros)
....
6. ¿Ir en metro / en autobús? (Tú)
....

3 **¿Quién viene a la playa? COMPLETA con las palabras del recuadro.**

sí   no   creo que sí   creo que no   no sé

1. ¿Viene Celia?   ⟶   *No*, está en el hospital.
2. ¿Y Nacho?   ...., le gusta mucho la playa.
3. Elena viene, ¿no?   ...., ya tiene el billete de tren.
4. ¿Juanjo viene?   ...., tiene mucho trabajo.
5. ¿Y Rafa?   ...., voy a preguntarle.

ñ Gramática

1 **COMPLETA las frases con el pronombre correspondiente (*me, te, lo, la, os, las*).**

¿Quieres tomar un café? *Te* invito.

1. ¿Dónde están mis gafas?, no .... veo.

2. • ¿Conoces a mi hermana?
 • No, no .... conozco, ¿quién es?
 • Aquella de allí, la morena.

3. • ¿Qué dice ese chico?
 • No sé, no .... oigo.

4. • ¿Te gusta esta falda?
 • Sí, voy a probárme....... .

5. • Papá, mamá, ... presento a mi novia, Clara.
 • Hola, Clara.

6. • Clara, yo .... quiero. ¿Quieres casar..... conmigo?
 • Sí, Miguel, yo también .... quiero.

7. A mí, mi marido no ...... llama por teléfono al trabajo todos los días. Sólo cuando tiene un mensaje importante.

8. • Tengo un coche nuevo, ¿quieres ver.......?
 • Vale.

9. • Yo tengo mucho calor, voy a bañar....... .
 • Te acompaño.

2 COMPLETA las frases con los marcadores temporales.

| mañana   dentro de   que viene   ahora   luego   esta noche |

1. .... un mes termina el curso.
2. La semana .... empiezo a trabajar.
3. Por favor, un billete para .... por la tarde.
4. .... voy a cenar con Carlos.
5. ¿Qué vas a hacer el viernes ....?
6. Luis y María se van a casar .... una semana.
7. .... mismo voy a llamar por teléfono a mi madre.
8. • ¿Cuándo vas a arreglar la tele?
   • ...., ahora no puedo.

Léxico

1 TACHA la palabra que no corresponde en cada serie.

1. autocar	avión	tren	hotel
2. agradable	divertido	horrible	sol
3. playa	montaña	ciudad	cielo
4. maleta	billetes	bolsa	gafas
5. dormir	llegar	salir	regresar

Comprensión lectora

1 Lee las postales y COMPLETA las frases con la información que falta.

Cancún, 9 de mayo de 2003

Queridos hijos:

¿Cómo estáis? Nosotros, muy bien. La playa es estupenda. Hace calor, pero no mucho. Todos los días vamos a la playa por la mañana, y por la tarde, paseamos. La comida es riquísima, comemos mucho pescado fresco y frutas tropicales. Eso sí, hay un montón de turistas por todas partes.

Besos de vuestros padres,

Miguel y María

Madrid, 25 de abril de 2003

Hola, Laura, ¿qué tal?

Yo estoy estupendamente. Madrid es una ciudad preciosa. El tiempo es muy agradable. Todos los días veo muchas cosas: museos, parques, pueblos, como El Escorial. El hotel no es muy cómodo y la comida es horrible, pero la gente es muy amable y divertida.

Hasta pronto.

Un abrazo,

Rachel

1. A Miguel y María .... la comida mexicana.

2. La playa de Cancún .... estupenda.

3. En Cancún comen .... y ....

4. Rachel .... estupendamente.

5. A Rachel no .... el hotel ni la comida.

6. La gente de Madrid es ....

Comprensión oral

1 ¿Qué planes tienen para este verano? Escucha y ESCRIBE un número a medida que van hablando.

a

b

c

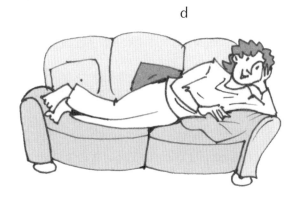

d

e

unidad 10
¿Qué has hecho?

Comunicación

1 CLASIFICA las expresiones en las categorías correspondientes.

Aceptar excusas	Justificarse	Hablar de hechos pasados

a. Es que he perdido el autobús.

b. Esta semana no he podido leer el periódico ni un solo día.

c. Bueno, está bien.

d. No importa.

e. No te preocupes.

f. Ayer estuve en casa de Paula.

g. El mes pasado fui a Japón por primera vez.

h. Es que no he tenido tiempo.

i. Estuvimos en la conferencia de Arturo Pérez Reverte.

j. Lo siento. He tenido que acompañar a David al médico.

 ## Gramática

1 ESCRIBE la forma del Pretérito Perfecto.

1. VENIR, yo: ....*he venido*..........

2. LEVANTARSE, tú: ....

3. IR, vosotros: ....

4. HABLAR, yo: ....

5. HACER, él: ....

6. ABRIR, él: ....

7. ESCRIBIR, ella: ....

8. VER, nosotros: ....

9. ESTAR, ellos: ....

10. LEER, él: ....

11. OLVIDAR, nosotras: ....

12. PONER, tú: ....

2 COMPLETA las frases con uno de los verbos del recuadro en Pretérito Perfecto.

ver comer venir ir levantarse viajar tener estar (2)

1. Esta mañana el profesor de historia no ...*ha venido*... a clase.
2. Julián .... por todo el mundo.
3. • ¿ .... la última película de Almodóvar?
   • No, ¿y tú?
4. • ¿A qué hora .... ?
   • Muy temprano, a las 8.
5. • ¿Con quién .... hoy?
   • Con Pepe, en un restaurante al lado de la oficina.
6. • ¿Por qué no .... a clase de matemáticas?
   • Porque estoy enfermo.
7. • ¿Dónde .... estas vacaciones?
   • En Perú, ¿y tú?
   • Yo .... en Madrid, trabajando. No .... vacaciones.
   • Vaya.

3 FORMA frases tomando un elemento de cada columna.

Esta tarde	he ganado	en Perú.
El año pasado	fui	temprano.
Esta mañana	me he levantado	menos que el pasado.
Este mes	estuve	al dentista.
Ayer	he visto	a tu novia.
Nunca	he llamado	a mi padre.

4 FORMULA las frases como en el modelo.

No he leído *El Quijote*.
¿Todavía no has leído El Quijote?

1. No he escrito el informe.
   ....
2. No hemos hecho los deberes.
   ....
3. No he visto la última película de Fernando Trueba.
   ....
4. No he ido a la peluquería.
   ....
5. No he comprado el pan.
   ....
6. No he hablado con el director.
   ....

5 CONTESTA como en el modelo.

¿Por qué no has venido antes? / no poder
Lo siento, es que no he podido.

1. ¿Por qué ha llegado tarde? / dormirse

   ....

2. ¿Por qué no ha llamado usted? / perder el número de teléfono

   ....

3. ¿Por qué no habéis venido a la reunión? / estar en otra reunión

   ....

4. ¿Por qué no habéis ido a cenar con Mario? / tener que estudiar

   ....

Léxico

1 ENCUENTRA seis palabras de elementos geográficos en esta sopa de letras.

M	R	P	M	O	M	A	R
B	Z	H	P	Q	O	N	B
M	X	O	R	C	N	K	S
B	X	C	M	B	T	Ñ	P
S	I	E	R	R	A	Ñ	M
Q	Z	A	V	T	Ñ	W	P
M	W	N	K	L	A	G	O
R	Z	O	I	S	L	A	P

Comprensión oral

1 Jorge y Laura estudiaron juntos y se encuentran después de un año sin verse. ¿Qué le ha pasado a cada uno en ese año? Escucha y SEÑALA verdadero (V) o falso (F).

	V	F
1. Jorge se fue a trabajar a París tres meses.	☐	☐
2. Jorge conoció una chica irlandesa.	☐	☐
3. Laura se ha casado.	☐	☐
4. Laura tuvo un accidente.	☐	☐
5. Laura va a empezar a trabajar mañana.	☐	☐
6. Jorge trabaja en un bar americano.	☐	☐

Comprensión lectora

1 Eduardo Casariego hace un recuento de su vida. Lee el texto y COLOCA los verbos del recuadro en los huecos.

he jugado	he tenido	he sido	~~he casado~~	he visto	he estado	
		he subido	he pintado	han querido		

Tengo 83 años, soy de Madrid, y quiero hablar de las cosas que he hecho y de las que no he hecho. Soy feliz porque he hecho muchas cosas buenas para mí: me ....*he casado*.... dos veces, he tenido diez hijos; he trabajado en muchos oficios diferentes: ....(b).......... torero, maestro de toreros, guitarrista, albañil, y al final, empresario. He viajado mucho por España, ...(c).......... casi todas las playas españolas, pero no he salido mucho fuera. Los españoles de mi edad no viajaban al extranjero. Sólo ....(d).......... en París, en Roma y en Portugal. He querido a mis esposas y mis hijos y ellos me ....(e).........., y por eso me siento feliz.
En el otro lado están las cosas que no he hecho: nunca ....(f).......... una montaña, nunca ....(g).......... un huerto, nunca he aprendido a cocinar, no ....(h).......... mucho con mis hijos, nunca ....(i).......... un cuadro.
Pero bueno, no importa, lo importante es que me siento feliz y que cada domingo puedo disfrutar de mi gran familia.

2 ESCRIBE un párrafo sobre lo que has hecho y lo que no has hecho en tu vida.

 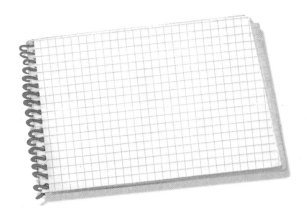

unidad 11
Cuéntame qué pasó...

1 **RELACIONA los elementos de las dos columnas.**

1. ¿Qué te pasa?, tienes mala cara.
2. ¿Y cómo es tu novio?
3. Buenos días, ¿cómo está usted?
4. ¿Has comprado las manzanas?
5. Julia, ordena tu habitación.
6. Me parece que trabajas demasiado.
7. ¿Por qué no ha venido hoy Luisa?

a. Es que está enferma.
b. Todavía no. Ya voy.
c. Sí, la verdad es que estoy cansado.
d. Vale, ya voy.
e. Estoy preocupado por mis padres, están mal.
f. Pues es moreno y un poco gordo.
g. Muy bien, gracias.

 Gramática

1 **COMPLETA el cuadro con las formas verbales.**

ESTAR	TENER	OÍR	HACER	IR	LLEGAR
estuve					
	tuviste				
		oyó			
			hicimos		
				fuisteis	
					llegaron

2 **FORMA frases como en el ejemplo.**

Anoche / salir / Pepe
Anoche salí con Pepe.

1. La semana pasada / estar / concierto ....
2. Anoche / yo / hacer la cena ....
3. El lunes / tener / mucho trabajo ....
4. El sábado / ver / película muy buena ....
5. El año pasado / ir / de vacaciones / Canarias ....

3 COMPLETA la tabla.

Todos los días	Hoy	Ayer
Leo *El País*.	*He leído El Mundo.*	*Leí el Marca.*
Como en casa.	.... en un restaurante.	.... en casa de Bárbara.
Voy a clase en metro.	.... en autobús.	.... en taxi.
Trabajo mucho.	.... poco.	No ....
Veo a Paco.	.... a María.	No .... a Paco ni a María.
Tomo café.	.... té.	No .... nada.
Me levanto a las 7.	.... a las 8.	.... a las 10.
Hago la comida.	No .... la comida.	.... la cena.
Compro el pan.	No lo	Tampoco lo ....

4 Este es el restaurante "El molino", que tiene poco éxito. COMPLETA la descripción del restaurante con las palabras del recuadro.

| sucios ningún aburridos algunos ninguno |
| ~~nadie~~ nada viejas preocupado |

El restaurante "El molino" está muy mal, no hay *nadie* sentado en las mesas. A mí no me gusta .....(b)..... porque no hay .....(c)..... cuadro en las paredes, las cortinas están ...(d)......... . Los manteles están ......(e)..... . ...(f)..... clientes entran y miran, pero ....(g)....... se queda. Además, los camareros están ....(h)......... porque no tienen trabajo ni propinas. Por su parte, el dueño está ......(i)........ porque no gana dinero.

5

Ahora ESCRIBE un párrafo sobre este otro restaurante, el "Don Pedro", que funciona mucho mejor.

El restaurante "Don Pedro" va muy bien, hay mucha gente en las mesas.

A mí ....

....

....

....

....

6

SUBRAYA la preposición adecuada.

1. • ¿<u>A</u> / de / con qué hora llegaste <u>a</u> / en casa anoche?
   • A / por / de las once y media.
2. • ¿En / para / con quién hablas?
   • En / para / con mi hermana.
3. Todos los días trabajo en / desde / a las 8 a / para / hasta las 17:00.
4. • ¿Has ido de / en / a casa de Ernesto?
   • No, todavía no.
5. • ¿En / desde / para dónde me llamas?
   • En / desde / para el aeropuerto, acabo de llegar a Barajas.
6. • ¿Dónde estuviste ayer? Te llamé tres veces.
   • Estuve a / en / de casa de unos amigos marroquíes, me invitaron a cenar.
7. • ¿Está muy lejos el hotel "El molino"?
   • No, desde / para / en aquí sólo hay unos tres kilómetros.
8. • ¿Qué te pasa?
   • Nada, tengo sueño porque ayer estuve viendo la tele a / hasta / por las dos de la madrugada.

Léxico

1 **RELACIONA cada adjetivo con su contrario.**

1. limpio   a. vacío
2. lleno   b. desordenado
3. aburrido   c. nervioso
4. libre   d. sucio
5. nuevo   e. ocupado
6. ordenado   f. divertido
7. tranquilo   g. viejo

2 **ESCRIBE ocho frases utilizando los adjetivos anteriores.**

Yo estoy aburrida.
Mi coche es viejo, pero funciona bastante bien.

Comprensión oral

1 **Juan Antonio y una compañera de trabajo hablan del fin de semana. Escucha la conversación y SEÑALA verdadero (V) o falso (F).**

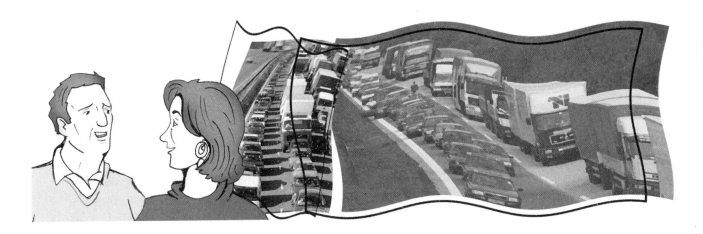

                                                        V   F

1. Juan Antonio ha pasado un buen fin de semana. ☐ ☐
2. Los padres de Laura se han comprado un chalé en la sierra. ☐ ☐
3. Juan Antonio y Laura salieron de Madrid el sábado. ☐ ☐
4. El sábado, Laura y su padre plantaron tomates. ☐ ☐
5. Juan Antonio está muy cansado. ☐ ☐

2 Marta y Gabriel hablan de su fin de semana. Escucha la conversación y SEÑALA el orden en que se produjeron los hechos.

1. Salieron de Madrid en tren por la tarde. □
2. Visitaron los lugares de Salamanca más importantes. □
3. Conocieron a dos chicos de Salamanca. □
4. Llegaron a Salamanca a las ocho de la tarde. □

Comprensión lectora

1 COMPLETA el texto con los verbos del recuadro en Pretérito Indefinido.

| cultivarse ~~llegar~~ llevar empezar (2) conocer extenderse |

La patata salvó a Europa del hambre

En el año 1532 ....*llegaron*....... a las montañas andinas de Colombia los primeros españoles al mando de Pizarro. Allí ....(b)..... el popular alimento gracias a los indios. Pocos años después, los conquistadores la ......(c)...... a España. .....(d)....... por primera vez en Galicia, concretamente cerca de A Coruña. En Italia .....(e).......... a cultivarla entre 1560 y 1570. Años más tarde, concretamente en 1588, en Viena y Frankfurt. A mediados del siglo XVII, durante el reinado de Federico II el Grande, la patata .....(f).... como alimento por todo el norte de Europa, gracias a la voluntad de este emperador.

Por su parte, en América las patatas ......(g)....... a cultivarse hace unos 10.000 años, en la región andina comprendida entre Cuzco y el lago Titicaca. Actualmente existen en esa zona más de 100 tipos de patatas diferentes.

unidad 12
Viajar en avión

Comunicación

1 ¿Qué tiempo hace? ESCRIBE tus respuestas debajo de cada ilustración.

a ....

b ....

c ....

d ....

e ....

f ....

2 ORDENA los elementos para construir frases.

agradable / es / temperatura / primavera / En / la
En primavera la temperatura es agradable. ....

1. los / voy a / esquiar / invierno / En / domingos / todos
....

2. gusta / me / el / tomar / No / sol
....

3. En / bebo / verano / refrescos / muchos
....

4. viento / Hoy / hace / y / nublado / está
....

5. gusta / el / no / me / mí / otoño / A
....

Gramática

COMPLETA la tabla con los demostrativos que faltan.

este	ese	
esta		
		aquellos
	esas	

2 **ESCRIBE** el demostrativo adecuado.

| este | estos | esta | estas |

1. ¿Te gusta *esta* camisa?
2. Toma .... libros y ponlos en la estantería.
3. ¿De quién es .... cartera?
4. .... gafas están rotas. Ayer se cayeron al suelo.
5. Julián, toma .... zapatos y llévalos al zapatero.
6. Por favor, ¿qué precio tiene .... camiseta de algodón?
7. Camarero, ... vaso está sucio, ¿puede cambiármelo por otro?
8. .... ordenador funciona mucho mejor que el otro.

3 **ESCRIBE** frases comparativas con la información que tienes.

Luis mide 1,80. Ángel mide 1,75.
Luis es más alto que Ángel.

11 500 euros

1. ....

16 000 euros

La Sagrada Familia XIX

2. ....

Caterdral de Zamora s.XII

Alberto   Carlos

3. ....

72 años   75 años

Edificio Cristal

Edificio Luna

4. ....

125 m²   75 m²

4 ESCRIBE lo mismo de otra manera.

Elena es más inteligente que María.
María es menos inteligente que Elena.

1. Venezuela es más grande que Nicaragua.

....

2. Esta película es mejor que aquella.

....

3. El Hotel Buena Vista es más caro que el Hotel Argentina.

....

4. Mis padres son mayores que los tuyos.

....

5 ESCRIBE frases como en el modelo.

Moto / rápida
- *Mi moto es muy rápida.*
- *La mía es más rápida que la tuya.*

1. Novio / guapo

- ....
- ....

2. Ordenador / nuevo

- ....
- ....

3. Zapatillas / nuevas

- ....
- ....

4. Perro / inteligente

- ....
- ....

5. Pantalones / modernos

- ....
- ....

 Léxico

1 BUSCA en esta sopa de letras cinco medios de transporte.

S	A	V	I	O	N	R	Y
X	U	M	B	T	Ñ	P	M
D	T	W	C	R	M	O	I
C	O	C	H	E	P	W	L
X	B	Q	A	N	U	C	J
R	U	S	D	L	O	B	I
Q	S	B	A	R	C	O	R

Comprensión oral

1 🎧 **Escucha la conversación entre Pilar y Tony sobre el tiempo en España. COMPLETA las frases con la información que vas a oír.**

1. En verano .... mucho .... en el .... de España.
2. En invierno hace .... en Castilla y Madrid, pero en la costa mediterránea las temperaturas son ....
3. Alguna gente se baña en Alicante en ....
4. Tony quiere ir a .... a España.

Comprensión lectora

1 **Lee el texto y COMPLETA los refranes con una palabra del recuadro. Ayúdate de la rima.**

siete   enero   sombra   calor   junio   mayo   balcón   puentes   mil   luna

1. En .... se hiela el agua en el puchero.
2. .... de febrero, rara vez dura un día entero.
3. Abril, para ser abril, ha de tener aguas ....
4. Hasta el cuarenta de .... no te quites el sayo.
5. En .... la hoz en el puño.

6. Por San Fermín, el .... no tiene fin.
7. .... de agosto y frío en rostro.
8. Septiembre, se lleva los .... o seca las fuentes.
9. En octubre, de la .... huye.
10. Navidad al ...., Pascua al tizón.

unidad 13
Antes y ahora

 Comunicación

1 **RELACIONA los elementos de las dos columnas.**

1. Lo siento, no puedo ir contigo al concierto.
2. La farmacia está todavía abierta.
3. ¿Sabes?, ¡me han regalado una moto!
4. Tenemos que limpiar todo esto.
5. María se ha roto un brazo.

a. ¡Qué suerte!
b. ¡Qué mala suerte!
c. ¡Qué pena!
d. ¡Menos mal!
e. ¡Qué rollo!

 Gramática

1 **COMPLETA la tabla con las formas verbales.**

trabajaba				
	comías			
		vivía		
			éramos	
				iban

2 **COMPLETA la información de las fichas.**

ANTES

1. *Jugaba* al fútbol.
2. Me levantaba tarde.
3. .... inglés.
4. .... la música "tecno".
5. Ganaba poco dinero.
6. .... muchas pizzas.
7. .... con mis amigos.
8. .... las cartas a mano.

AHORA

Juego al golf.
.... a las 7.
Estudio chino.
Me gusta la música clásica.
.... más dinero.
Como muchas verduras.
Salgo con mi familia.
.... en el ordenador.

3 CONTESTA a las preguntas.

a. ¿Dónde vivías cuando tenías diez años?

....

b. ¿A qué hora te levantabas?

....

c. ¿Comías en casa o en el colegio?

....

d. ¿Tenías muchos amigos?

....

e. ¿Qué hacías cuando salías del colegio?

....

f. ¿A qué hora te acostabas?

....

g. ¿Qué hacías los fines de semana?

....

h. ¿Adónde ibas de vacaciones cuando tenías catorce años?

....

4 COMPLETA las frases con un pronombre (*me, te, le, nos, os, les*) y el verbo *doler*.

a. Hoy no me encuentro bien, ...*me duele*.... la cabeza.

b. Anoche Ana cenó demasiado y hoy .... el estómago.

c. Fernando ha estado leyendo mucho tiempo, y claro, ahora .... los ojos.

d. Hoy he ido al dentista porque ayer .... mucho una muela.

e. No puedo más, he andado más de 10 kilómetros y .... los pies una barbaridad.

f. ¿A ti no .... nunca la espalda?, es que a mí .... bastante, especialmente en primavera.

g. Mis padres están estupendamente de salud, nunca .... nada.

Léxico

1 BUSCA en la sopa de letras diez nombres de partes del cuerpo.

E	S	P	A	L	D	A	W	M
S	C	I	N	B	O	J	O	S
T	X	E	D	M	A	N	O	I
O	C	R	Ñ	B	O	C	A	L
M	W	N	A	R	I	Z	Q	Z
A	D	A	Z	A	M	N	E	P
G	B	S	A	Z	E	B	A	C
O	D	Z	C	O	D	O	R	T

Comprensión oral

Eliane de Souza tiene 32 años y es profesora. Conoció a Joaquín, un empresario valenciano, se casaron y ahora viven en Valencia. Escucha la conversación y SEÑA-LA verdadero (V) o falso (F).

	V	F
1. Eliane al principio de llegar a España estaba triste.	☐	☐
2. Eliane trabajaba en una escuela infantil.	☐	☐
3. Eliane practicaba deportes en su ciudad.	☐	☐
4. En Valencia salen mucho a los bares y restaurantes.	☐	☐
5. Eliane trabaja en una empresa de construcción.	☐	☐
6. Eliane echa de menos el jamón de su tierra.	☐	☐

Comprensión lectora

1 Lee el texto y COMPLETA con las palabras del recuadro.

enfermedades	~~científicos~~	risa	recomiendan
corazón	ríete	excelente	Por eso

CÚRATE RIENDO

Las personas que ríen viven más y más sanas

La risa sirve para expresar emociones, pero también es un arma contra el pesimismo y un método curativo.
Los ..*científicos*.. han demostrado que la risa genera endorfinas, unas hormonas que tienen el poder de luchar contra las ....(b)........ . También se ha demostrado que las personas con buen humor viven más y mejor, y es que un minuto de ....(c)........ sana es igual que 45 minutos de relajación. Es más, una carcajada es una ....(d)........ gimnasia, ya que mueve los pulmones, el ....(e)........, ayuda a la digestión, etc. ....(f)........, los médicos ....(g)........ reír todos los días un rato. La risoterapia (curación por la risa) es cada día más popular.
Así que, ya sabes, todos los días ....(h)........ un poco.

unidad 14
Instrucciones

1 **CLASIFICA las frases en la categoría correspondiente.**

Expresar obligación Forma personal	Expresar obligación Forma impersonal	Expresar posibilidad	Expresar prohibición

a. Antes de cruzar, hay que mirar.

b. No se puede fumar en toda la red de Metro.

c. Tenéis que apagar el móvil.

d. No se puede decir.

e. Se puede pagar con tarjeta.

f. Para estar en forma hay que practicar deporte.

g. Tienes que retrasar tus vacaciones.

Gramática

1 **COMPLETA las instrucciones con *se puede*, *no se puede* y *hay que*.**

4. .... parar.

2. .... fumar.

3. .... girar a la derecha.

1. .... adelantar.

6. .... cruzar la calle.

7. .... seguir recto.

5. .... entrar con perros.

2 COMPLETA con *hay que* o *tener que.*

1. Si quieres aprender español, *tienes que* estudiar los verbos.
2. Para estar sano, ... comer frutas y verduras.
3. Si vamos a cenar, ... reservar mesa antes.
4. Si vas a Sevilla, ... ver la Giralda.
5. Para ser rico, ... trabajar mucho.
6. Si María quiere adelgazar, ... hacer dieta y gimnasia.
7. Para viajar a Brasil, no .... llevar ropa de invierno.

3 COMPLETA con uno de los verbos del recuadro en la forma adecuada.

llamar ir(2) regalar pasear traer acompañar

1. Si tengo tiempo, ...*voy*... a verte esta tarde.
2. Si tienes dinero, ...le a tu novia esos pendientes de oro.
3. Mi marido y yo todos los días, si no tenemos mucho trabajo, ... una hora.
4. Si mañana no llueve, ... a la playa.
5. Miguel por favor, si vas a salir, ...me el periódico.
6. Si salgo antes de trabajar, te .... a comprar los zapatos.
7. Si te acuerdas, ...me por teléfono antes de salir.

4 COMPLETA la tabla con los pronombres que faltan.

Sujeto	Complemento Directo	Complemento Indirecto
Yo	me	me
Él/ella/Ud.	lo-la-le	
		nos
Ellos/as/Uds.		les

5 SIGUE el modelo y completa las frases.

- *¿Le has dado el libro a Carlos?*
- *Sí, ya se lo he dado.*

1. • ¿Les has dado la merienda a los niños?
   • Sí, ya .... he dado.
2. • ¿Le has entregado el informe a Enrique?
   • No, entréga..... .... tú, por favor.
3. • ¿Le has enviado el documento a Eva?
   • Sí, ya .... he enviado.

4. • ¿Le has comprado el regalo a papá?
   • No, voy a comprár..... .... esta tarde.
5. • ¿Chicos, os traigo ya los refrescos?
   • Sí, tráe....., por favor.
6. • Pepe, ¿me has traído el libro que te pedí?
   • Sí, mujer, ... he traído, toma.

6 COMPLETA el correo electrónico con los pronombres personales.

> OS   LES   LE (3)   ME (2)   LO (2)   LES

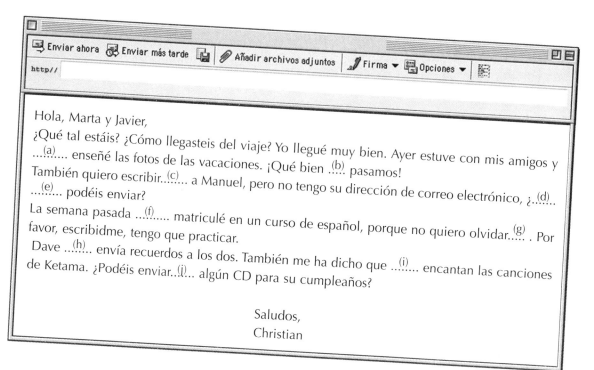

Enviar ahora · Enviar más tarde · Añadir archivos adjuntos · Firma ▼ · Opciones ▼

http//

Hola, Marta y Javier,

¿Qué tal estáis? ¿Cómo llegasteis del viaje? Yo llegué muy bien. Ayer estuve con mis amigos y ...(a)... enseñé las fotos de las vacaciones. ¡Qué bien ..(b). pasamos!

También quiero escribir..(c)... a Manuel, pero no tengo su dirección de correo electrónico, ¿..(d).. ...(e)... podéis enviar?

La semana pasada ...(f)..... matriculé en un curso de español, porque no quiero olvidar...(g). . Por favor, escribidme, tengo que practicar.

Dave ..(h)... envía recuerdos a los dos. También me ha dicho que ...(i)... encantan las canciones de Ketama. ¿Podéis enviar..(j)... algún CD para su cumpleaños?

Saludos,
Christian

Léxico

1 ESCRIBE las palabras del recuadro en la columna correspondiente.

> balón   bicicleta   nadar   gol   piscina   cancha   estadio
> bañador   botas   canasta   meta   portería   gorro   maillot

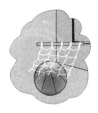   

baloncesto	ciclismo	fútbol	natación

Comprensión oral

🎧 **Escucha el diálogo y SEÑALA verdadero (V) o falso (F).**

V F

1. Arturo va al gimnasio a hacer pesas. ☐ ☐
2. Isabel va al gimnasio los lunes y miércoles. ☐ ☐
3. Hace mucho tiempo que Isabel practica kárate. ☐ ☐
4. Arturo no quiere ir más veces al gimnasio. ☐ ☐
5. Quedan para tomar algo a las ocho y cuarto. ☐ ☐

Comprensión lectora

En una revista hemos encontrado esta serie de recetas mágicas. Léelas, COMPLETA las frases con las palabras del recuadro y si te gustan, ponlas en práctica.

| minutos   incómodo/a   foto   rosa   abrir   rosas   noche   contrato   fiesta |

1. Si estás muy nervioso, llena la bañera con agua fría o casi fría y añádele medio kilo de bicarbonato y medio kilo de sal, mezclándolo bien. Toma un baño de quince .... Después acuéstate y duerme.

2. Si quieres cobrar una deuda, pon una .... de tu deudor o su nombre escrito en un papel blanco debajo del felpudo de tu casa.

3. Si tienes que firmar algún .... o papeles importantes, hierve un huevo diez minutos y luego ponlo debajo de tu almohada la .... anterior a la firma del contrato.

4. Si tienes que ir a una .... y estás .... porque puede haber mucha gente mirándote, vístete de negro.

5. Si piensas .... un negocio, recuerda que es bueno inaugurarlo en lunes y en luna llena. Además, tienes que meter seis .... blancas en el cajón de tu mesa.

6. Si llevas mucho tiempo saliendo con un/-a chico/a y quieres casarte pronto, corta una .... la noche de San Juan (23 de junio), y luego pon los pétalos debajo de tu almohada.

unidad 15
Acontecimientos del pasado

Comunicación

1 CLASIFICA las frases en la categoría correspondiente.

Expresar acciones interrumpidas	Contar la vida de una persona	Hacer comparaciones

a. Mérida no es tan grande como Caracas.

b. Ana nació en Salamanca en 1971.

c. Cuando estaba viendo la tele, entró el ladrón.

d. Llovía tanto como en Londres.

e. Cuando llegué, estaba dormida.

f. Murió en un pueblo de Francia.

g. Inventó el submarino.

Gramática

1 COMPLETA la tabla con las formas del Pretérito Indefinido que faltan.

....	....	leí
naciste	....	....
....	murió	....
....	....	....
....	....	....
....	....	leyeron

2 FORMA frases como la del modelo.

Ir (yo) a trabajar / tener un accidente
Cuando iba a trabajar, tuve un accidente.

1. Escuchar música / llamar mi novia
....
2. Tener 25 años / casarme
....
3. Estudiar en la universidad / conocer a mi mujer, Rosa
....
4. Ducharse (yo) / llamarme mi jefe por teléfono
....
5. Esquiar (yo) / romperme la pierna
....

3 COMPLETA las frases con el verbo en la forma adecuada.

1. Cuando (ESTAR, nosotros) *estábamos* tomando café, (OÍR, nosotros) .... la noticia.
2. Cuando (PASEAR, yo) .... por el Retiro, (ENCONTRARSE) .... con mis amigos.
3. Cuando (TENER, yo) .... 15 años, mis padres me (COMPRAR) .... un piano.
4. Cuando Jorge (IR) .... al trabajo, (TENER) .... un accidente.
5. Cuando (SER, yo) .... niña, (VIVIR) .... en un pueblo.
6. Cuando Arturo (ESTAR) .... hablando por teléfono, (CORTARSE) .... la comunicación.
7. Antes, cuando (ESTAR, yo) .... de vacaciones, (LEVANTARSE) .... tarde.
8. Anoche (IR, yo) .... a un concierto y (ACOSTARSE) .... tarde.
9. Cuando (IR) .... al supermercado, les (ROBAR, ellos) .... la cartera.
10. Cuando (ESTAR, nosotros) .... oyendo el telediario, (LLEGAR) .... los niños del colegio.

4 COMPLETA el hueco con el verbo en el tiempo adecuado.

EVA PERÓN ("Evita")

Eva Perón (NACER) ....nació.... el 7 de mayo de 1919 en Los Toldos, cerca de Buenos Aires. ....(b)........ (SER) actriz hasta que (CASARSE) ....(c).... con Domingo Perón, presidente de Argentina desde 1946 hasta 1953. Evita (TENER) ....(d).... mucha influencia en la política, (ORGANIZAR) ......(e)...... a las mujeres trabajadoras y (ACTUAR) ....(f)...... como ministra *de facto* de Salud y Bienestar. En 1951, ya enferma de cáncer, el partido peronista la (NOMBRAR) ....(g)...... vicepresidenta, pero el ejército la (OBLIGAR) ....(h)...... a retirarse. (MORIR) ....(i)...... en 1952 en Buenos Aires.

COMPLETA las frases con *más que / menos que / tanto como / mejor que / peor que.*

1. Una gripe es *más* grave *que* un resfriado.
2. El fútbol me gusta .... el baloncesto. Los dos son muy divertidos.
3. Ahora como .... antes. Es que quiero adelgazar.
4. Generalmente, los niños ven la tele .... los mayores.
5. Yo no he viajado .... tú, pero leo muchos periódicos extranjeros.
6. A veces los estudiantes saben .... los profesores.
7. Jennifer López canta .... tú, claro. Es una profesional.
8. Este zumo sabe mal. Es .... el de ayer.

ESCRIBE varias frases comparando los datos de Olga y Jorge.

JORGE	OLGA
Altura: 1,75	1,65
35 años	33 años
Trabaja 8 horas.	Trabaja 8 horas.
Gana 1 880 euros.	Gana 2 150 euros.
Sale todos los fines de semana.	Sale dos veces al mes.

 ## Léxico

RELACIONA las noticias con las secciones del periódico en el que aparecen.

1. Sobre un concierto de música clásica.
2. Sobre un partido de fútbol.
3. Sobre la subida del euro.
4. Sobre las elecciones municipales.
5. Sobre una cumbre en la ONU.
6. Sobre el nacimiento de un nieto de los Reyes.

a. DEPORTES
b. INTERNACIONAL
c. NACIONAL
d. SOCIEDAD
e. CULTURA
f. ECONOMÍA

 ## Comprensión oral

  Escucha la entrevista a Ricardo Gómez, pianista, y CONTESTA a las preguntas.

1. ¿Con cuántos años empezó a estudiar música? ....
2. ¿Qué profesión tenía su madre? ....
3. ¿Por qué eligió el piano? ....
4. ¿Dónde estudió el Ciclo Superior de su carrera? ....
5. ¿Adónde se fue después? ....

Comprensión lectora

Lee y RESPONDE a las preguntas de estos dos textos.

Sobrevive en el mar durante tres meses viendo vídeos

Ricardo Díaz salió a dar un paseo de tres horas en su barco, pero cuando estaba lejos de la costa, una tormenta estropeó el motor de la embarcación. En ese momento Ricardo Pérez, un cubano de 62 años, se quedó incomunicado, ya que la radio tampoco funcionaba. El náufrago no tiene esposa ni hijos, así que nadie se dio cuenta de su desaparición. A partir de entonces, Ricardo empezó un largo viaje arrastrado por las corrientes marinas, hasta que tres meses después fue rescatado por una fragata de la Marina francesa. Durante estos tres meses, Ricardo se alimentó con los peces, tortugas y pájaros que se posaban en su barco. Además, dijo que no se aburrió, ya que tenía muchas películas de vídeo para entretenerse.

1. ¿Cómo se estropeó el barco?

....

2. ¿De dónde es Ricardo Pérez?

....

3. ¿Dónde está la familia del náufrago?

....

4. ¿Quién lo encontró?

....

5. ¿Cómo sobrevivió durante los tres meses que pasó en el mar?

....

2 800 000 madrileños están expuestos a trastornos por el ruido

Casi 800 000 madrileños están expuestos a trastornos de salud por los altos índices de ruido que soportan; otro medio millón de personas se hallan afectadas en la capital por enfermedades relacionadas con pérdidas de audición, según un estudio del Ayuntamiento de Madrid.
El estudio, además, señala que en las fechas navideñas, los altos índices de ruido aumentan en determinadas zonas del centro urbano hasta en un 30%. En otros lugares, como la zona limitada por la autopista M-30, los niveles de ruido son superiores a 70 decibelios, cinco por encima de la tasa considerada "límite de aceptación de ruido" por la Unión Europea. Según el estudio, en los últimos 20 años se ha duplicado el ruido en el ambiente de Madrid.

1. ¿Cuántos madrileños están enfermos del oído?

....

2. ¿Quién ha hecho el informe?

....

3. ¿En qué época del año aumentan los ruidos?

....

4. ¿Cuál es la tasa de aceptación del ruido, según la Unión Europea?

....

5. ¿Qué ha ocurrido con el ruido en Madrid en los últimos veinte años?

....

Claves

Comunicación

1. 1-c; 2-a: 3-b; 4-f; 5-d; 6-e.

2. 1. ¿Cómo te llamas?; 2. ¿Qué haces?; 3. ¿De dónde eres?; 4. ¿Dónde vives?; 5. ¿Eres peruana?; 6. ¿Qué haces?; 7. ¿Eres uruguayo?; 8. ¿Dónde vives?; 9. ¿Cómo te llamas?; 10. ¿De dónde eres?

Gramática

1. a. Dónde; b. dónde; c. cómo; d. qué; e. cómo; f. dónde.

2.

TRABAJAR	VIVIR	SER	LLAMARSE
trabajo	vivo	soy	me llamo
trabajas	vives	eres	te llamas
trabaja	vive	es	se llama
trabajamos	vivimos	somos	nos llamamos
trabajáis	vivís	sois	os llamáis
trabajan	viven	son	se llaman

3. a. te llamas; b. eres; c. trabajas; d. vives; vivo.

4.

El profesor es chileno.	La profesora es chilena.
El pianista es argentino.	La pianista es argentina.
El guía es español.	La guía es española.
El enfermero es venezolano.	La enfermera es venezolana.
El estudiante es brasileño.	La estudiante es brasileña.
El cocinero es uruguayo.	La cocinera es uruguaya.
El actor es cubano.	La actriz es cubana.

Léxico

1. 1. alemán; 2. italiana; 3. inglés; 4. austriaca; 5. brasileña; 6. rusa; 7. canadiense; 8. francés; 9. marroquí; 10. china.

2. 1. ¿Eres española?/Sí, soy de Valencia; 2. ¿Eres italiana?/Sí, soy de Milán; 3. ¿Eres argentino?/Sí, soy de Córdoba; 4. ¿Eres mexicano?/Sí, soy de Ciudad de México; 5. ¿Eres brasileño?/Sí soy de Sao Paulo; 6. ¿Eres portuguesa?/Sí soy de Lisboa.

3. a. pianista; b. secretaria; c. profesor; d. médica; e. cocinero; f. pintor; g. guía; h. camarero.

Comprensión oral

2. 1. Hernández; 2. Rodríguez; 3. Ferrero; 4. Rodero; 5. Santamaría; 6. Sánchez; 7. Díez; 8. Rueda; 9. Cuerda.

Comunicación

1. a. Es madrileña; b. Es directora de un banco; c. Vive en Madrid; d. Es argentino; e. Es abogado; f. Vive en Buenos Aires.

2.

TÚ	USTED	VOSOTROS	USTEDES
¿Cómo te llamas?	¿Cómo se llama?	¿Cómo os llamáis?	¿Cómo se llaman?
¿De dónde eres?	¿De dónde es?	¿De dónde sois?	¿De dónde son?
¿Qué haces?	¿Qué hace?	¿Qué hacéis?	¿Qué hacen?
¿Dónde vives?	¿Dónde vive?	¿Dónde vivís?	¿Dónde viven ustedes?

3. a. buenos, está, bien, usted, es, soy, trabaja; b. usted, no, trabaja, trabajo.

4. a. ¡Hola! ¿Qué tal?; b. Buenos días, ¿cómo está usted?

Gramática

1.

TRABAJAR	COMER	VIVIR
trabajo	como	vivo
trabajas	comes	vives
trabaja	come	vive
trabajamos	comemos	vivimos
trabajáis	coméis	vivís
trabajan	comen	viven

2. a. Él se llama Miguel López; b. Nosotros somos profesores; c. Él es valenciano; d. Ernesto vive en Caracas; e. Ellos son profesores.

3. Este es Ricardo Díez, mi compañero de trabajo; Esta es Elena Pérez, profesora de inglés; Estos son mis vecinos Mayte y Rafa; Estos son Valerio y Salvador, son de Tegucigalpa; Estas son mis amigas Julia y Marina, son de Sevilla.

Léxico

1. 1. cinco; 2. cuatro; 3. nueve; 4. ocho; 5. siete; 6. cero; 7. uno; 8. dos; 9. seis; 10. tres.

2.

chino	china	chinos	chinas
alemán	alemana	alemanes	alemanas
francés	francesa	franceses	francesas
japonés	japonesa	japoneses	japonesas
marroquí	marroquí	marroquíes	marroquíes
brasileño	brasileña	brasileños	brasileñas
ruso	rusa	rusos	rusas
iraní	iraní	iraníes	iraníes
inglés	inglesa	ingleses	inglesas

3. 1. los pintores; 2. las abogadas; 3. las secretarias; 4. las azafatas; 5. los enfermeros; 6. los economistas; 7. las empresarias.

Comprensión oral

Laura – secretaria – banco – catalana; Rafael – enfermero – hospital – cordobés: Manuel – economista – empresa de informática – Madrid; Pilar y Eva– profesoras de español – academia – catalanas.

Comunicación

1. 1. falso; 2. falso; 3. falso; 4. verdadero; 5. falso; 6. verdadero.

2. Localizar objetos: b, d, e; Preguntar y decir cantidades: c; Describir una vivienda: a.

Gramática

1.

ESTAR	TENER	PONER
estoy	tengo	pongo
estás	tienes	pones
está	tiene	pone
estamos	tenemos	ponemos
estáis	tenéis	ponéis
están	tienen	ponen

2. 1. tiene; 2. trabaja; 3. son; 4. pongo; 5. está; 6. vive.

3. 1. El salón es pequeño; 2. La lavadora está a la izquierda; 3. Los sillones son antiguos; 4. El cuarto de baño está a la izquierda; 5. Las sillas son cómodas.

4. a. 1. de, al, de la; 2. el, al, del; 3. el, de la;
b. 1. los, del; 2. los, de las; 3. el, de la.

Léxico

1. 1. moderna; 2. pequeño; 3. interior; 4. tranquila; 5. fea; 6. grande.

2. 1. segundo; 2. quinto; 3. octavo; 4. primero; 5. noveno; 6. tercero; 7. sexto; 8. cuarto; 9. séptimo; 10. décimo.

3. 17. diecisiete; 12. doce; 16. dieciséis; 20. veinte; 14. catorce; 11. once; 13. trece; 15. quince; 18. dieciocho; 19. diecinueve.

4. 1. salón-comedor; 2. cuarto de baño; 3. dormitorio; 4. dormitorio; 5. recibidor; 6. cocina.

5. a. armario; b. sofá; c. mesa; d. silla; e. cama; f. mesilla; g. sillón; h. lámpara.

6. Dormitorio: cama, mesilla, armario. Salón-comedor: sofá, sillón, lámpara, mesa, silla. Cocina: mesa, silla, armario.

Comprensión oral

1. a. 15; b. 2; c. 12; d. 3; e. 11; f. 8.

2. Piso 1: 1 habitación, es exterior, 550 euros al mes.
Piso 2: 2 habitaciones, exterior, 750 euros.
Piso 3: 1 habitación, interior, 400 euros.

Comunicación

1. 1. hay, gire, siga; 2. está; 3. va, siga, gire; 4. voy, coges, bajas, sigues, está.

2. 1. Por favor, ¿a qué hora abren las farmacias? A las nueve y media de la mañana; 2. ¿A qué hora cierran los estancos? A las ocho y media de la tarde; 3. ¿A qué hora abre el Museo de Historia? A las diez menos cuarto de la mañana; 4. ¿A qué hora llega el vuelo de Caracas? A las siete menos cuarto de la mañana; 5. ¿A qué hora sale el autobús de la playa? A las doce menos cinco; 6. ¿A qué hora cierra el supermercado? A las nueve y media de la noche.

3. a. Las dos y media; b. Las cuatro menos cuarto; c. Las ocho menos veinte; d. Las seis y diez; e. Las nueve y cuarto; f. La una y veinte.

Gramática

1.

IR	SEGUIR	VENIR	CERRAR
voy	sigo	vengo	cierro
vas	sigues	vienes	cierras
va	sigue	viene	cierra
vamos	seguimos	venimos	cerramos
vais	seguís	venís	cerráis
van	siguen	vienen	cierran

2. 1. vamos; 2. vas; 3. venís; 4. cierran; 5. sigues; 6. voy; 7. vienes.

3. 1. a, en; 2. de; 3. del; 4. a, de; 5. a, a; 6. en; 7. en, a.

Léxico

1. a. El pan se vende en la panadería; b. El sello se vende en el estanco; c. La leche se vende en el supermercado; d. El periódico se vende en el quiosco; e. El jabón se vende en la perfumería; f. Las aspirinas se venden en la farmacia; g. El detergente se vende en el supermercado.

2. a. lejos; b. estación; c. parque; d. supermercado; e. quiosco; f. periódico; g. oficina de Correos; h. parada; i. estación.

4. a. 14 – catorce; b. 57 – cincuenta y siete; c. 100 – cien; d. 529 – quinientos veintinueve; e. 1945 – mil novecientos cuarenta y cinco; f. 2 587 – dos mil quinientos ochenta y siete; g. 5 913 – cinco mil novecientos trece.

5. a. Ochocientos veintidós; b. Trescientos quince; c. Mil ochocientos noventa y cinco; d. Ciento setenta y seis; e. Cinco mil cuarenta y ocho.

Comprensión oral

1. a. 36; b. 33; c. 89; d. 340; e. 543; f. 1968.

2. 1. A las ocho y diez; 2. A las ocho; 3. A las siete y media; 4. A las cinco; 5. A las once y media; 6. Las ocho menos cuarto; 7. Las cinco y cuarto.

3. Vale, ¿cómo voy?; ¿Dónde vives?; ¿A qué hora quedamos?; De acuerdo, hasta luego.

Comunicación

1. van a; zumo; 2. primero; un filete; 3. cuánto es; 4. un café; con leche.

Gramática

1.

PASAR	COMER	ABRIR	CERRAR	HACER	PONER	REPETIR	CALLARSE
pasa	come	abre	cierra	haz	pon	repite	cállate
pase	coma	abra	cierre	haga	ponga	repita	cállese

2. b. Ponme un zumo de tomate, por favor; 3. ¿Puedes hacer la comida?; d. Cierra la ventana, por favor; 5. ¿Puedes hablar más bajo?; f. Pon la tele, por favor; 7. ¿Puedes llamar a las siete?

3. 1. A ella le gustan los deportes; 2. A David le gusta ver la tele; 3. A mí me gusta el jamón; 4. ¿A ti te gusta la música latina?; 5. A Elena le gustan las gambas.

4. 1. A él no le gusta mucho el pescado; 2. A ti no te gustan nada las aceitunas;

3. Me gusta mucho la música clásica; 4. A Sergio no le gusta el ajedrez; 5. A Sergio le gustan mucho las motos; 6. A Eva le gustan mucho los helados.

Léxico

1. a. pera; b. manzana; c. judías verdes; d. plátanos; e. uvas; f. tomates; g. espinacas.

2.

Horizontales: pollo, sardina, ternera, bacalao.

Verticales: trucha, cordero.

Comprensión oral

1. Al hijo le gusta ver la tele, jugar con el ordenador y el fútbol. Al padre le gusta leer filosofía y escuchar música clásica, antigua, y pintar. A la madre le gusta leer novelas policiacas, y el cine.

Comprensión lectora

1. a. dos platos y un postre; b. de segundo; c. por la gran extensión de sus costas; d. fruta, arroz con leche o flan.

UNIDAD 6

Comunicación

1. a. Lleva gafas, tiene el pelo corto y liso; b. Tiene el pelo largo y liso. Es rubia y tiene los ojos claros; c. Tiene el pelo corto y liso. Es morena y tiene los ojos claros; d. Tiene el pelo corto, es moreno y tiene los ojos oscuros.

2. 1 – d; 2 – e; 3 – f; 4 – b; 5 – a; 6 – c.

3. a. es; b. tiene; c. tiene; d. es; e. es.

Gramática

1.

EMPEZAR	SALIR	VOLVER
empiezo	salgo	vuelvo
empiezas	sales	vuelves
empieza	sale	vuelve
empezamos	salimos	volvemos
empezáis	salís	volvéis
empiezan	salen	vuelven

2. a. Nosotros nos duchamos por la noche; b. Mi hija se viste sola; c. Yo no me callo cuando me enfado; d. Mis vecinos se acuestan muy tarde; e. Daniel se sienta en la primera fila; f. Carmen y Ramón se levantan muy temprano.

3. a. ¿A qué hora empiezas el trabajo?; b. ¿A qué hora sales del trabajo?; c. ¿A qué hora te acuestas?; d. ¿A qué hora comes?; e. ¿A qué hora vuelves a casa?; f. ¿A qué hora haces la compra?

4. a. se levanta; b. empieza; c. vuelve; d. come; e. cena; f. se acuesta.

6. 1. sus; su; 2. mi; 3. mis; 4. tus.

Léxico

1. 1. nietos; 2. madre; 3. marido; 4. mujer; 5. tío; 6. un hijo; 7. sobrina; 8. tiene dos hermanas; 9. prima; 10. tiene hermanos.

Comprensión oral

1. El lunes y el martes, reunión toda la mañana. El lunes por la tarde no está en la oficina y el martes tiene una cita concertada. El miércoles y el jueves está en Bruselas. El viernes por la tarde fija la reunión. El fin de semana no está en la oficina.

Comprensión lectora

2. a. se levanta; b. sale a comprar el pan y el periódico; c. come; d. va al gimnasio; e. da algún paseo o ve alguna exposición; f. pinta.

UNIDAD 7

Comunicación

1. 1 – f; 2 – g; 3 – e; 4 – b; 5 – d; 6 – a; 7 – c.

2. 1. ¿Te gustan los zapatos negros? No, prefiero los marrones; 2. ¿Te gusta el coche gris? No, prefiero el rojo; 3. ¿Te gusta la blusa de seda? No, prefiero la de algodón; 4. ¿Te gusta el bolso pequeño? No, prefiero el grande; 5. ¿Te gusta el jersey estrecho? No, prefiero el ancho.

Gramática

1. 1. Sí, me llevo; 2. Sí, me los llevo; 3. Sí, me la llevo; 4. Sí, me lo llevo; 5. Sí, me los llevo; 6. Sí, me la llevo.

2. a. A mí los zapatos negros me quedan mal; b. A Ernesto los pantalones vaqueros le quedan bien; c. A Luis la corbata de rayas le queda fatal; d. A ti la minifalda te queda muy bien; e. A ellas las blusas rojas no les quedan bien; f. A Berta el vestido largo le queda bien.

3. 1. Mira este traje, ¿qué te parece?; 2. Mira estas camisetas, ¿qué te parecen?; 3. Mira este vestido, ¿qué te parece?; 4. Mira esta camisa, ¿qué te parece?

Léxico

1. 1. pantalones; 2. corbata; 3. camisa; 4. chaqueta; 5. zapatos; 6. falda; 7. blusa; 8. medias; 9. bolso; 10. vaqueros; 11. camiseta; 12. cazadora.

3.

Horizontales: naranja, uvas, queso, leche, plátanos, lechuga.

Verticales: manzanas, huevos, pollo, espinacas.

Comprensión oral

1. Ya tienen plátanos, yogures, arroz y huevos. Falta un kilo de peras y tres latas de atún.

Comprensión lectora

1. a. Justo; b. Paloma; c. Paco; d. Laura.

UNIDAD 8

Comunicación

1.

Diálogo 1

---

1. ¿Vamos a jugar al tenis?; 2. Vale, ¿cuándo quedamos?; 3. El sábado por la mañana, ¿cómo te va?; 4. Muy bien, ¿a qué hora quedamos?; 5. A las 10; 6. Vale, de acuerdo.

Diálogo 2

1. Ana, ¿quieres venir conmigo al teatro? Hay una obra de Antonio Gala; 2. Lo siento, pero no puedo, es que tengo que ir con Arturo al médico; 3. ¿Por qué no va él solo, está muy mal?; 4. No, lo que pasa es que no le gusta ir solo; 5. Y ¿qué te parece el viernes que viene?; 6. Mejor, te llamo el jueves ¿vale?; 7. Vale, hasta el jueves.

Gramática

1.

JUGAR	OÍR	CONOCER
juego	oigo	conozco
juegas	oyes	conoces
juega	oye	conoce
jugamos	oímos	conocemos
jugáis	oís	conocéis
juegan	oyen	conocen

2. 1. (Posibles respuestas) Yo tengo que hacer los deberes; 2. Tú tienes que llamar por teléfono al médico; 3. Usted tiene que hacer la comida; 4. David y yo tenemos que hacer la compra; 5. Vosotras tenéis que comprar el pan; 6. Ismael y ella tienen que ir al médico; 7. Ellos tienen que estudiar los verbos.

3. 1. Estoy viendo; 2. Están cenando fuera; 3. Estamos jugando; 4. Está jugando; 5. Estoy arreglando el ordenador; 6. Está duchándose.

4. 1. Están jugando; 2. Están haciendo; 3. Están hablando y tomando; 4. Están bañándose; 5. Está jugando; 6. Está comiendo; 7. Está leyendo.

Léxico

1. 1. enero; 2. junio; 3. agosto; 4. septiembre; 5. mayo; 6. marzo; 7. diciembre; 8. febrero; 9. abril; 10. julio; 11. octubre; 12. noviembre.

2. Otoño: octubre, noviembre, diciembre (hasta el 21); Invierno: enero, febrero, marzo (hasta el 21); Primavera: abril, mayo, junio (hasta el 21); Verano: julio, agosto, septiembre (hasta el 21).

Comprensión oral

1. Carlos está cenando y viendo una película en la tele; La hermana está jugando con el ordenador; El padre está hablando con unos vecinos; La madre está comprando; Álvaro está durmiendo.

Comprensión lectora

1. Fuera de casa: salir con amigos, ir al cine, bailar en discotecas, salir a tomar copas.

En casa: escuchar música, ver la televisión, oír la radio, leer periódicos y revistas, usar el ordenador.

UNIDAD 9

Comunicación

1. Diálogo 1. 1. ¿Diga?; 2. ¿Está Laura?; 3. Sí, ¿de parte de quién?; 4. Soy Nacho, un compañero; 5. Ahora se pone. ¡Laura, al teléfono!

Diálogo 2. 1. ¿Sí?; 2. Julia, soy Celia; 3. Hola, ¿qué tal?; 4. Mira, que te llamo para preguntarte si quieres ir a ver el concierto de Ketama; 5. Pues, me gustaría mucho pero este fin de semana, imposible, tengo tres exámenes la semana que viene; 6. Vaya, qué pena, lo siento; 7. Yo también.

2. 1. ¿Vais a salir o vais a quedaros en casa?; 2. ¿Vais a pasar las vacaciones en la playa o en la montaña?; 3. ¿Va a vivir en Madrid o va a vivir en Barcelona?; 4. ¿Van a ir al cine o van a ir al teatro?; 5. ¿Vais a estudiar en una universidad privada o en una universidad pública?; 6. ¿Vas a ir en metro o vas a ir en autobús?

3. 1. No, está en el hospital; 2. Creo que sí, le gusta mucho la playa; 3. Sí, ya tiene el billete de tren. 4. Creo que no, tiene mucho trabajo; 5. No sé, voy a preguntarle.

Gramática

1. 1. las; 2. la; 3. le/lo ; 4. la ; 5. os ; 6. te, te, te; 7. me; 8. lo; 9. me.

2. 1. dentro de; 2. que viene; 3. mañana; 4. esta noche; 5. que viene; 6. dentro de; 7. ahora; 8. luego.

Léxico

1. 1. hotel; 2. sol; 3. cielo ; 4. gafas; 5. dormir.

Comprensión lectora

1. 1. les gusta; 2. es; 3. pescado fresco y frutas tropicales; 4. está; 5. le gusta; 6. muy amable y divertida.

Comprensión oral

1. 1 – d; 2 – a: 3 – c; 4 – b; 5 – e.

UNIDAD 10

Comunicación

1. Aceptar excusas: c, d, e; Justificarse: a, h, j; Hablar de hechos pasados: b, f, g, i.

Gramática

1. 1. he venido; 2. te has levantado; 3. habéis ido; 4. he hablado; 5. ha hecho; 6. ha abierto; 7. ha escrito; 8. hemos visto; 9. han estado; 10. ha leído; 11. hemos olvidado; 12. has puesto.

2. 1. ha venido; 2. ha viajado; 3. has visto; 4. te has levantado; 5. has comido; 6. has ido; 7. has estado; he estado; he tenido.

3. Esta tarde he visto a mi padre; El año pasado estuve en Perú; Esta mañana me he levantado temprano; Este mes he ganado menos que el pasado; Ayer fui al dentista; Nunca he llamado a tu novia.

4. 1. ¿Todavía no has escrito el informe?; 2. ¿Todavía no habéis hecho los deberes?; 3. ¿Todavía no has visto la última película de Fernando Trueba?; 4. ¿Todavía no has ido a la peluquería?; 5. ¿Todavía no has comprado el pan?; 6. ¿Todavía no has hablado con el director?

Claves

5. 1. Lo siento, es que me he dormido; 2. Lo siento, es que he perdido el número de teléfono; 3. Lo sentimos, es que hemos estado en otra reunión; 4. Lo sentimos, es que hemos tenido que estudiar.
Léxico
1.
Horizontales: mar, sierra, lago, isla.
Verticales: océano, montaña.
Comprensión oral
1. 1. F; 2. V; 3. F; 4. V; 5. V; 6. F.
Comprensión lectora
1. a. he casado; b. he sido; c. he visto; d. he estado; e. han querido; f. he subido; g. he tenido; h. he jugado; i. he pintado.

UNIDAD 11
Comunicación
1. 1 – e; 2 – f; 3 – g; 4 – b; 5 – d; 6 - c; 7 - a.
Gramática
1.

ESTAR	TENER	OÍR	HACER	IR	LLEGAR
estuve	tuve	oí	hice	fui	llegué
estuviste	tuviste	oíste	hiciste	fuiste	llegaste
estuvo	tuvo	oyó	hizo	fue	llegó
estuvimos	tuvimos	oímos	hicimos	fuimos	llegamos
estuvisteis	tuvisteis	oisteis	hicisteis	fuisteis	llegasteis
estuvieron	tuvieron	oyeron	hicieron	fueron	llegaron

2. 1. La semana pasada estuve en un concierto; 2. Anoche hice la cena; 3. El lunes tuve mucho trabajo; 4. El sábado vi una película muy buena; 5. El año pasado fui de vacaciones a Canarias.
3.

Todos los días	Hoy	Ayer
Leo *El País*.	He leído *El Mundo*.	Leí el *Marca*.
Como en casa.	He comido en un restaurante.	Comí en casa de Bárbara.
Voy a clase en metro.	He ido en autobús.	Fui en taxi.
Trabajo mucho.	He trabajado poco.	No trabajé.
Veo a Paco.	He visto a María.	No vi a Paco ni a María.
Tomo café.	He tomado té.	No tomé nada.
Me levanto a las 7.	Me he levantado a las 8.	Me levanté a las 10.
Hago la comida.	No he hecho la comida.	Hice la cena.
Compro el pan.	No lo he comprado.	Tampoco lo compré

4. a. nadie; b. nada; c. ningún; d. viejas; e. sucios; f. algunos; g. ninguno; h. aburridos; i. preocupado.
6. 1. a, a, a/; 2. con, con; 3. desde, hasta; 4. a; 5. desde, desde; 6. en; 7. desde; 8. hasta.
Léxico
1. 1 – d; 2 – a; 3 – f: 4 – e; 5 – g; 6 – b; 7 – c.
Comprensión oral
1. 1. F; 2. V; 3. F; 4. F; 5. V.
2. 1 – 3 - 2 - 4.
Comprensión lectora
1. a. llegaron; b. conocieron; c. llevaron; d. se cultivó; e. empezaron; f. se extendió; g. empezaron.

UNIDAD 12
Comunicación
1. a. Llueve; b. Nieva; c. Hace viento; d. Hay niebla; e. Hace sol; f. Está nublado.
2. 1. En invierno, voy todos los domingos a esquiar; 2. No me gusta tomar el sol; 3. En verano bebo muchos refrescos; 4. Hoy hace viento y está nublado; 5. A mí no me gusta el otoño.
Gramática
1.

este	ese	aquel
esta	esa	aquella
estos	esos	aquellos
estas	esas	aquellas

2. 1. esta; 2. estos; 3. esta; 4. estas; 5. estos; 6. esta; 7. este; 8. este.
3. 1. El coche descapotable es más caro que el otro; 2. La catedral de Zamora es más antigua que La Sagrada Familia de Barcelona; 3. Carlos es más viejo que Alberto. 4. Los pisos del edificio de Cristal son más grandes que los de Luna.
4. 1. Nicaragua es más pequeño que Venezuela; 2. Aquella película es peor que esta; 3. El Hotel Argentina es más barato que el Hotel Buena Vista; 4. Mis padres son más jovenes que los tuyos.
5. 1. Mi novio es muy guapo / El mío es más guapo que el tuyo; 2. Mi ordenador es muy nuevo / El mío es más nuevo que el tuyo; 3. Mis zapatillas son muy nuevas / Las mías son más nuevas que las tuyas; 4. Mi perro es muy inteligente / El mío es más inteligente que el tuyo; 5. Mis pantalones son muy modernos / Los míos son más modernos que los tuyos.
Léxico
1.
Horizontales: avión, coche, barco.
Verticales: autobús, tren.
Comprensión oral
1. 1. En verano hace mucho calor en el sur de España; 2. En invierno hace frío en Castilla y Madrid, pero en la costa mediterránea, la temperaturas son agradables; 3. Alguna gente se baña en Alicante en invierno; 4. Tony quiere ir a vivir a España.
Comprensión lectora
1. 1. enero; 2. calor; 3. mil; 4. mayo; 5. junio; 6. siete; 7. luna ; 8. puentes; 9. sombra; 10. balcón.

UNIDAD 13
Comunicación
1. 1 – c; 2 – d; 3 – a; 4 – e; 5 – b.
Gramática
1.

TRABAJAR	COMER	VIVIR	SER	IR
trabajaba	comía	vivía	era	iba
trabajabas	comías	vivías	eras	ibas
trabajaba	comía	vivía	era	iba
trabajábamos	comíamos	vivíamos	éramos	íbamos
trabajabais	comíais	vivíais	erais	ibais
trabajaban	comían	vivían	eran	iban

2. Antes: estudiaba, me gustaba; comía, salía, escribía.
Ahora: me levanto, gano, escribo.
4. a. me duele; b. le duele; c. le duelen; d. me dolía; e. me duelen; f. te duele, me duele; g. les duele.
Léxico
1.
Horizontales: espalda, ojos, mano, boca, nariz, codo, cabeza.
Verticales: estómago, pie, brazo.
Comprensión oral
1. 1. V; 2. F; 3. V; 4. V; 5. F; 6. F.
Comprensión lectora
1. a. científicos; b. enfermedades; c. risa; d. excelente; e. corazón; f. por eso; g. recomiendan; h. ríete.

UNIDAD 14
Comunicación
1. Expresar obligación (forma personal): c, g; Expresar obligación (forma impersonal): a, f; Expresar posibilidad: e; Expresar prohibición: b, d.
Gramática
1. 1. No se puede; 2. No se puede; 3. No se puede; 4. Hay que; 5. No se puede; 6. Se puede; 7. Hay que.
2. 1. tienes que; 2. hay que; 3. hay que; 4. tienes que; 5. hay que; 6. tiene que; 7. hay que.
3. 1. voy; 2. regala; 3. paseamos; 4. vamos; 5. tráeme; 6. acompaño; 7. llámame.
4.

Sujeto	Complemento Directo	Complemento Indirecto
Yo	me	me
Tú	te	te
Él/ella/Ud.	lo-la-le	le-se
Nosotros/as	nos	nos
Vosotros/as	os	os
Ellos/as/Uds.	los-las-les	les-se

5. 1. se la; 2. selo; 3. se lo; 4. selo; 5. los; 6. te lo.
6. a. les; b. lo; c. le; d. me; e. la; f. me; g. lo; h. os; i. le; j. le.
Léxico
Baloncesto: balón, cancha, botas, canasta; Ciclismo: bicicleta, meta, maillot; Fútbol: balón, gol, estadio, botas, portería; Natación: nadar, piscina, bañador, gorro.
Comprensión oral
1. V; 2. F; 3. F; 4. F; 5. V.
Comprensión lectora
1. minutos; 2. foto; 3. contrato, noche; 4. fiesta, incómodo; 5. abrir, rosas; 6. rosa.

UNIDAD 15
Comunicación
1. Expresar acciones interrumpidas: c, e; Contar la vida de una persona: b, f, g; Hacer comparaciones: a, d.
Gramática
1.

NACER	MORIR	LEER
nací	morí	leí
naciste	moriste	leíste
nació	murió	leyó
nacimos	morimos	leímos
nacisteis	moristeis	leísteis
nacieron	murieron	leyeron

2. 1. Cuando estaba escuchando música, llamó mi novia; 2. Cuando tenía 25 años, me casé; 3. Cuando estudiaba en la universidad, conocí a mi mujer, Rosa; 4. Cuando me estaba duchando, me llamó mi jefe por teléfono; 5. Cuando estaba esquiando, me rompí la pierna.
3. 1. estábamos, oímos; 2. paseaba, me encontré; 3. tenía, compraron; 4. iba, tuvo; 5. era, vivía; 6. estaba, se cortó; 7. estaba, me levantaba; 8. fui, me acosté; 9. ibamos, robaron; 10. estábamos, llegaron.
4. a. nació; b. fue; c. se casó; d. tuvo; e. organizó; f. actuó; g. nombró; h. obligó; i. murió.
5. 1. más grave que; 2. tanto como; 3. menos que; 4. más que; 5. tanto como; 6. más que; 7. mejor que; 8. peor que.
Léxico
1. 1 – e; 2 – a; 3 – f; 4 – c; 5 – b; 6 – d.
Comprensión oral
1. 1. con cinco años; 2. maestra; 3. es el instrumento más completo; 4. En Madrid; 5. A Londres.
Comprensión lectora
1. 1. Por una tormenta; 2. De Cuba; 3. No tiene; 4. La Marina francesa; 5. Comió peces, tortugas y pájaros.
2. 1. Medio millón; 2. El Ayuntamiento de Madrid; 3. En Navidad; 4. 65 decibelios; 5. Se ha duplicado.